Michael Ziegelwagner

Als der Teufel
gegen den Bischof Krenn
beim Schnapsen verlor

St. Pöltner Sagen

Michael Ziegelwagner

Als der *Teufel gegen den Bischof Krenn* beim Schnapsen *verlor*

St. Pöltner Sagen

Mit Illustrationen von Cansu Yakin

Literaturedition Niederösterreich

Michael Ziegelwagner, geboren 1983 in St. Pölten, schreibt natur-kritische Kolumnen für die Satirezeitschrift „Titanic", Reisebücher („Café Anschluß. Als Österreicher unter Deutschen") und politische Interventionen („Sebastian – Ferien im Kanzleramt"). Mit seinem verspielt-monarchistischen Debütroman „Der Aufblasbare Kaiser" stand er auf der Longlist zum Deutschen Buchpreis.

Cansu Yakin wurde 1980 in Istanbul geboren. Nach ihrem Abschluss an der Marmara-Universität, Fakultät für Kommunikation, ab-solvierte sie die Kunst und Design-Fakultät in Istanbul. Seit 2004 illustriert sie mit großer Leidenschaft Kinderbücher. Seitdem ent-standen mehr als 50 Bücher mit ihren Illustrationen. 2005 erhielt sie den ersten Preis des European Multicultural Identity Project der türkisch-britischen Vereinigung mit dem Projekt „Where Two Oceans Meet". Für ihre Illustration „Banana Squid" erhielt sie den Cannes Lions 2010 Bronze Award. Seit 2014 lebt sie mit ihrem Mann und ihren beiden Töchtern in Purkersdorf/Niederösterreich.

Inhalt

Mein *St. Pölten.*

Dort, wo die Traisen friedlich ihre Schlingen enger zieht, der Kaiserwald seinen Schatten zu werfen versucht und der Falke über der Westautobahn kreist, wenn im Radio eine Geisterfahrermeldung kommt, liegt St. Pölten. „Perle des Voralpenlandes" nennt man es, „wichtigste Metropole des Mostviertels", „einzige Landeshauptstadt mit einem Heiligentitel"; zumindest dann, wenn man in der St.-Pölten-Werbung arbeitet und einen sehr toleranten Chef hat.

Man nimmt, was man kennt, als gegeben hin. Dass eine jede Stadt aber auch ihre Geschichte hat, lernt man erst später. Dann stellt man sich Fragen: Warum ist das Rathaus rosa? Wovon erzählen die alten Inschriften an den Mauern? Weshalb roch St. Pölten über lange Zeit so eigenartig, und wieso steht im Zentrum der Stadt ein Haus, das mit Tellern geschmückt ist? Früher, als der Kalender noch dicker war, wusste man Antwort auf diese Fragen. Da war dann von Lindwürmern und Wasserweibchen die Rede, vom Teufel und vom Tellermandl, von versteinerten Kuhmägden und exhibitionistischen Riesen.

Wer diese Sagen heute kennenlernen will, muss den alten St. Pöltnerinnen und St. Pöltnern zuhören. Im Wirtshaus, bei einem Glas Wein. Bei einem Verlängerten im Café. Oder indem man sich des Abends in ihre

Wohnungen schleicht, sich hinterm Garderobenständer versteckt und zuhört, worüber sie sich beim Nachtmahl unterhalten. Manch ein bekannter Name fällt dann: Jakob Prandtauer. Propst Fünfleutner. Die Fürstin Montecuccoli. Der Gruber Willi. Die Mikl-Leitner. Der Hübl Hans. Und auch Sankt Hippolyt hat seinen Auftritt, gräuliche Drachen, heilige Fabelwesen. Wundersame Dinge sind zu hören, und wundersam ist auch der Geruch der struppigen Mäntel vor unserer Nase.

Aber die alten Sagen erklären nicht alles – wie denn auch! Vieles wird angedeutet, manches bleibt im Dunklen. Dann muss man sich seinen eigenen Reim machen, die Sagen selber fortschreiben. So wie ich es getan habe. Entstanden sind dabei 28 Erzählungen aus dem alten und nicht ganz so alten St. Pölten, die dieser geheimnisvollen Stadt endlich ins Reich der Mythen verhelfen.

Mit historischen Fakten bin ich dabei sehr behutsam umgegangen; meist habe ich sie gar nicht erst angerührt.

*Geschrieben im Café Fröstl, St. Pölten,
im Seuchenwinter 2021/22*

* * *

Polyt, Pölten, Hippolyt:
Wo der Name *von unserer*
Heimatstadt herstammt.

Sicher habt ihr es früher in der Schule gelernt, wenn ihr aufgepasst habt: Sankt Hippolyt macht den ersten Schritt, Sankt Polyt reimt auf Valladolid, Sankt Pölten zeigt sich selten. Und damit habt ihr sie schon in einer Reihe aufgezählt: die drei Gründerväter, denen unsere Heimatstadt abwechselnd ihren Namen verdankt.

Sankt Hippolyt, der älteste der drei Heiligen aus dem Merksatz, war ein Bischof und Märtyrer aus dem Osten des Römischen Reiches. Er hat überall in Europa seine Spuren hinterlassen; das war gar nicht so schwer damals, weil der Fußabstreifer noch nicht erfunden war. Hippolyt, der sich schon früh einen Namen (lat.: „der Pferdebefreier") gemacht hatte als jemand, der gerne versehentlich Gattertüren offen stehen ließ, verschlug es zu genau jener Zeit in unsere Gegend, als in den Wäldern um St. Pölten (Municipium Aelium Cetium) der Passauer Wolf gehaust haben soll; ein furchtbares Untier, das immer wieder die Stadt heimsuchte und die Jungfrauen samt ihren erstgeborenen Knaben holte. So arg trieb es die Bestie, dass der zuständige Abt Fulrad von Tegernsee – aber das weiß ich mehr vom Hörensagen, gell – die Reichsacht verhängte und demjenigen ein Heiligenamt versprach, der ihm den Skalp des Wolfes bringe. Dies aber wagte niemand anders als: Adalbert und Ottokar, die bärenstarken Zwillinge! Genau. Und mit dabei, als zuständiger Wald- und Wolfsbischof – Hippolyt von Rom.

Er war es dann auch, der das fürchterliche Höllenvieh mit seinem Bischofsstab erschlug, als es grade aus dem Unterholz flitzte: direkt mit dem Schnörkel zwischen die Augen. Und somit den begehrten Posten als Stadtpatron einsackte. Hier blühte Hippolyt auf, hier machte er Karriere: Reichlich segnete er alles, was man ihm unter die Nase hielt, betete ausgiebig, und an Gott glaubte er ganz fest, bis er starb. Er war übrigens der erste Heilige, der seine eigenen Reliquien immer bei sich trug. *Omnia mea mecum porto* – schlau, oder?

Wenig aber ist bekannt über seinen Sohn, den Heiligen Polyt. Der soll nur einmal am Mühlbach, nicht weit vor der Stadtmauer, die Enten gefüttert haben. Am selbigen Ort steht noch heute das nach St. Polyt benannte Polytechnikum.

Wie aber der Sprung zum Namen *Pölten* gelang – das ist eine interessante Geschichte. Angeblich nämlich wurde Polyt auf seine alten Tage wegen seiner ständig verschnupften Nase, welche ihm eine Aussprache verliehen haben soll ähnlich der des nachmaligen Wiener Bürgermeisters Zilk, im Volksmund „St. Polyp" genannt – was der Stadt über den Umweg eines akademischen Witzes den Namen „St. Octopus an der Traisen" einbrockte. Daraus nun wurde um 1230 „St. Ottokar", dann „St. Odoaker", dann „St. Ödnis an dem Acker", bis – wir halten im 15. Jahrhundert – der ortsansässige Ölmüller Stephan Peregrin d. Ältere, genannt „Öl-Stephan", eines Nachts ins Stadtarchiv und in die Ratszimmer einbrach und dort, vom Wahnsinn gepackt und im Lichte einer flackernden Laterne, sämtliche amtlichen Dokumente mit seinem Kürzel *St. P.* „*Öl*" *sen.* unterfertigte, was späterhin nicht mehr zu tilgen war – weshalb die Stadtväter klüglich die neue Buchstabenfolge „St P Öl sen" einfach beibehielten, und so hat unser liebes altes St. Pölsen seinen Namen bekommen und trägt ihn bis heute stolz.

✳ ✳ ✳

Das *Traisenwaibchen.*

I.

Wenn der Abend friedlich verdämmert, der Mond blank am Himmel steht und sein goldenes Licht ausgießt über Wald und Flur, Gras und Stein, taucht bisweilen eine anmutige Gestalt aus den Fluten der Traisen empor. Seetang und Blätter bedecken ihr Haar, und Wasserpflanzen schlingen sich um ihre Schultern. Das ist der Haslinger Rudi, der in seinem Rausch die Traisenbrücke nicht gefunden hat. Wenn dann das Schimpfen und Krakeelen verklingt und der Rudi wackelnd auf seinem alten Puch-Fahrrad davongerollt ist, wird es endlich still über der Traisen. Nur die Gischt gluckert, die Strudel gurgeln zutraulich, und manche Welle spritzt vorwitzig bis an den Uferrand. Und dem Zuschauer, der seine Zehen einzieht, mag es scheinen, dass das Traisenwasser in solchen Nächten seine ganz eigene Geschichte zu erzählen weiß.

II.

Es war zu der Zeit, als St. Pölten noch klein und armselig war. Die Stadtmauer stand trutzig wider die Mongolen und Türcken, der Dom war noch ein Stiftskirchlein, und das Rathaus auf dem Breiten Markt war nicht mehr als ein Getreidespeicher mit angeschlossenem Viehstall, in welchem der Stadtrichter in Ermangelung eines Schreibtischs seine Akten auf einer Kuh unterschreiben musste. So saß er eines Tages, gedankenverloren seine Arbeitsfläche kraulend, als es an der Tür klopfte. Mit einiger Überraschung blickten Kuh und Richter auf – denn eine Tür, das wussten beide, besaß das Rathaus eigentlich gar nicht.

„Herein", rief der Richter, als er in dem Anklopfenden den Hans erkannte. Das war ein armer Fischer, der

mit seiner einzigen Tochter am Flussufer wohnte und sich mehr schlecht als recht durchbringen konnte. „Setz dich zu mir, Hans! Wie geht es dir denn?"

„Immer gleich, Stadtrichter, immer gleich", brummte der Fischer und lehnte die Tür, die er mitgebracht hatte, gegen die Wand. „Kaum einmal in der Woche beißt ein Fisch, ja selbst die Regenwürmer wollen nicht an meinen Haken. Dabei kann ich von Glück sagen, wenn mir der Wind meine Hütte stehen lässt. Ich will ehrlich sein: Es ist kein besonders glorreiches Leben, das wir führen, hier in unserem St. Pölten."

„Wem sagst du das", seufzte der Richter. „Schau mich an! Ich nenne mich Stadtrichter, residiere im Rathaus – aber wenn du bei mir anklopfen willst, musst du deine eigene Tür mitbringen!"

„Weißt du, Richter", sagte Hans und zog sich einen Schemel an die Kuh, „wenn man nie irgendwo anders gelebt hat als hier, so fällt es einem nicht auf. Aber der Vergleich ... – Meine Tochter, die Frieda, war gerade auf der Fischereimesse in Wien. Wie es da zugeht! Einen Dom, sagt sie, haben die dort, in dem könnte man unser Kirchlein in der Sakristei verstecken! Die Stadtmauer ist dreimal so hoch wie unsere und doppelt so breit, und sie wirkt nicht nur gegen Mongolen und Türcken, sondern zusätzlich auch noch gegen Awaren, Langobarden und Schweden. Und die Stadtväter dort haben richtige Schreibpulte – aus Holz ..."

„Bist du gekommen, um mir zu sagen, in was für einem miesen Nest wir wohnen?", fragte der Richter verdrossen und begann unter seiner Arbeitsfläche zu melken. „So geht es eben zu! Die einen haben alles, und die anderen haben nichts. Kaffee, Hans? Mit Milch?"

„Nein, danke", winkte der Fischer ab, denn er hatte eine Laktoseunverträglicheit. „Aber hör mir weiter zu! Als nämlich meine Tochter, die Frieda, einmal abends in Wien am Donauufer saß, um sich ihr Nachtmahl zu erangeln, da hatte sie eine sonderbare Erscheinung. Der Tag war eben friedlich verdämmert, der Mond stand blank am Himmel und goss sein goldenes Licht über Wald und Flur, Gras und Stein, als plötzlich eine anmutige Gestalt aus den Fluten emporstieg. Seetang und Blätter bedeckten ihr Haar..."

„Ei schau!", versetzte der Richter. „Der Haslinger Rudi?"

„Kein Rudi!", rief Hans. „Das Donauweibchen war's! Ein schönes, geschupptes Nixlein, das in den Wellen wohnt! Man sagt, es tanze des Nachts am Ufer, hüte Schätze und ziehe neugierige Schwimmer in die Tiefe. Der Frieda, meiner Tochter, blieb vor Staunen das Maul offen stehen! So ein schlüpfriges Wesen, hat sie gesagt, solch ein schönes, fischbeiniges Weib – das wäre doch auch was für unsere Vaterstadt!"

Der Richter verschluckte sich fast an seinem Kaffee. „Ein Wahrzeichen?", sprotzte er. „Ein Wahrzeichen für St. Pölten, meinst du?"

„So meint die Frieda", bekräftigte Hans und wischte sich den Kaffee vom Gesicht.

„Etwas, das die Neugierigen zu uns lockt?"

„Richtig", nickte der Fischer. „Unser eigenes städtisches Nixlein!"

„Unser Traisenweibchen!" Der Stadtrichter war aufgesprungen. „Hans! Das ist eine großartige Idee, die deine Tochter da hatte. Eine Sensation! Das Nixweib von St. Pölten! Und in einem kleinen Fluss wie dem unseren", setzte er eifrig fort, „lässt sich solch ein Fabeltier auch viel besser erkennen! Während man an der mächtigen Donau sicher viele Stunden warten muss, um auch nur eine glitzernde Schuppe zu erspähen, können hier bei uns die Touristen in aller Bequemlichkeit und aus nächster Nähe – ..."

„Am besten gleich neben unserer Fischerhütte", meinte Hans schlau.

„... zusehen, wie das Traisenweibchen schwimmt, wie es sich putzt, wie es sich mit altem Brot füttern lässt ..."

„Und nennen könnten wir es", sagte Hans, der bereits gründlich über Branding und Marketing nachgedacht hatte, „Traisen*waibchen*. Mit Doppel-ai!"

„Oder *traisen.waibchen!*" jubelte der Richter.

„Das wäre übertrieben", entgegnete der Fischer, der wusste, wann die Angelrute überspannt ist, und damit hatte es sich.

III.

Lange beriet sich der Stadtrichter mit seinen Magistratsräten, wie die Sache anzufangen und solch ein Zauberwesen aufzutreiben sei. Da wurde kräftig sinniert in den Sitznischen des Rathauses, mancher Bart gestrichen, mancher Plan entwickelt und wieder verworfen. „Wenn wir", ließ sich etwa der schüchterne Kaufmann vernehmen, „den Wienern ihr Nixlein abhandeln würden? Wir müssten es nur umetikettieren, und schon könnten wir es vermarkten als Original St. Pöltner Traisenweibchen..."

„...waibchen", korrigierte der Richter. „Und die Stange Geld, Kaufmann, die nötig ist, dieses Wunder zu erwerben, die gibt der Stadtsäckel nicht her."

„Dann holen wir es uns einfach!", rief der Bäckermeister und schlug mit der Faust aufs Knie. „Wir nehmen einen Mehlsack, mit dem fahren wir nach Wien. Dort legen wir uns am Donauufer auf die Lauer, so lange, bis das Weibchen sich zeigt. Schnapp, fangen wir es ein, laden es auf einen Karren und..."

„Und riskieren einen Konflikt mit den Wienern?", unterbrach der Richter ärgerlich. „So stabil ist unsere Stadtmauer bekanntlich nicht, Bäckermeister!"

„Wenn wir aber", überlegte der Pfarrer, „dem Haslinger Rudi ein Wams anziehen, das wir vorher mit Schuppen bestickt haben, und ihm eine Perücke aufsetzen? Könnte er nicht, gewissermaßen ersatz- und aushilfsweise – ich meine nur, solange wir kein echtes Waibchen haben – auf einem Stein im Wasser sitzen und..."

„Der Haslinger Rudi?" stöhnte der Richter. „Keine zehn Rösser bringen den freiwillig in die Nähe von ausgerechnet *Wasser*!"

„Dann eben doch das Wiener Weibchen!", rief der Syndikus aus seiner Nische. „Passt auf: Wir bauen eine große Staumauer ans Ende der Donau – wirklich groß, so groß, dass die Fluten nicht dagegen ankönnen –, dann bleibt der Donau nichts anderes übrig, als rückwärts in ihrem Flussbett zurückzufließen. Richtung Westen! Bei Traismauer mündet sie dann wieder in die Traisen, fließt zurück zu uns, und schon kommt das Weibchen auf ganz legalem und natürlichem Wege zu uns hergeschwappt..."

„Hans! Frieda!", rief der Richter verzweifelt. „Ihr habt uns diesen fischschwänzigen Floh ins Ohr gesetzt. Sagt ihr doch was!" Da wurde es ganz still im Stall, und alle Gesichter wandten sich zum Fischer und seiner Tochter, die in der Ecke auf dem Boden saßen und bisher geschwiegen hatten. Der Vater stieß die Tochter an, und diese erhob sich und begann bescheidentlich zu reden: „Ehrenwerte Älteste, vielleicht wüsste ich tatsächlich Rat. Wie man mir in Wien, auf der großen Fischereimesse, erzählt hat, gibt es seit neuestem eine sehr billige Art, an Nixen zu kommen. Wir müssten nur eine Gesandtschaft hoch ins kalte Norwegen schicken..."

IV.

...und kaum sieben Monate später erschien die Gesandtschaft wieder, mit einer wirklich preiswerten jungen Nixe aus nachhaltiger skandinavischer Aquakultur.

Ehrfürchtig lugten der Stadtrichter und seine Ältesten in das Holzfass, in welchem das glitschig-blasse Wesen saß und mit grünen Augen zurückblinzelte. „Ob man sie wohl unbeschadet aussetzen kann?", flüsterte der Bäckermeister. „Ob sie wohl christlichen Glaubens ist?", raunte der Pfarrer. „Ob sich wohl Nixenrogen verkaufen lässt?", überlegte der Kaufmann mit etwas zu lauter Stimme. Der Richter aber gebot der Beratung mit einer Handbewegung Einhalt: „Genug gezweifelt! Die Kleine wird uns reichlich Gold bringen und eine wertvolle Attraktion der Gemeinde werden – das genügt mir. Werft sie ins Wasser, bevor sie Heimweh bekommt nach ihren Fjorden oder nach ihrer Nixenzuchtfarm! Sie soll so schnell wie möglich lernen, wie man Neugierige behütet und Schätze in die Tiefe zieht – oder so ähnlich. Wo ist die Gesandtschaft, die sie hergebracht hat?" Damit wandte er sich an den Fischer Hans und seine Tochter, aus welchen beiden natürlich die Gesandtschaft bestanden hatte, und sagte streng: „Ihr seid mir für unser Traisenwaibchen verantwortlich. Gebt gut Acht darauf! Sucht ihm einen guten und einsichtigen Platz in Ufernähe, lasst es ihm an nichts fehlen – und bringt ihm vor allem das Tanzen bei! Ich werde mir nach Wochenfrist ansehen, wie sich die Sache entwickelt."

V.

Das wurde ein schweres Stück Arbeit für Frieda und ihren Vater! Immer wieder stellten sie dem neuernannten Traisenwaibchen eine kleine Schatztruhe hin, die sollte es bewachen, aber es kümmerte sich gar nicht darum, sondern paddelte lieber fröhlich wie ein junger Hund stromauf- und -abwärts, so dass jedermann die Kiste hätte forttragen können. Es waren aber zum Glück nur alte Gräten drin, denn die Schatztruhe war für Übungszwecke gedacht. Auch schickten die Fischersleute einige Male den Haslinger Rudi ans Wasser, der sollte vom Nixlein entführt und seiner Seele beraubt werden. Dieses aber beachtete ihn meist gar nicht; nur wenn er dem Sitzstein zu nahe kam, auf dem es ruhte, lächelte es ihm mitleidig zu und deutete mit dem Finger auf das nahegelegene Wirtshaus. Nachts aber, wenn der alte Fischer schlief, versuchte Frieda, die Nixe zum Tanzen zu bringen. Doch drehte sich die Tochter ganz allein im Mondlicht und hopste und sprang, während drüben, aus den Tiefen der Traisen, nur große Schnarchblasen an die Wasseroberfläche stiegen. Da wurde Frieda ganz mutlos.

In der siebenten Nacht aber, als sie schon aufgeben wollte, gewahrte sie plötzlich das Traisenwaibchen, wie es am Flussrand kauerte und ihr zuschaute. Doch kam es nicht näher, verharrte ruhig nur und schuppenglitzernd und zwinkerte der Tänzerin mit grünblitzenden Augen zu.

So. Und jetzt kommt aber ein feministischer Twist, dass sich die Herren der Schöpfung ordentlich werden festhalten müssen. Die haben wahrscheinlich gedacht, dass es hier recht schlüpfrig zugehen wird, so ordentlich nass und nixy-sexy! Na, die werden schauen! Ein schlimmes Erwachen wird das geben, ha, für die brünstige Männerriege mit ihren verschwitzt-patriarchalen Träumen; bös geschnitten werden die sich haben am Ende dieser Sage! Die kleine Skandinavierin nämlich, die war keineswegs auf der Nudelsuppe dahergeschwommen, sondern vielmehr mit allen Wassern gewaschen und nicht mehr feucht hinter den Ohren; wenn sie sich auch so stellte, als könnte sie kein Wässerchen trüben. Und als sie nun verschwörerisch vom Flussrand herüberzwinkerte in dieser Mondnacht, da dämmerte es auch der müdgetanzten Fischerstochter Frieda, dass die Nixe etwas im Schilfe führte.

VI.

„So", sprach der Stadtrichter früh am nächsten Morgen auf dem Weg zur Fischerhütte, „jetzt wollen wir uns aber einmal anschauen, was unser Traisenwaibchen so alles kann!"

„Man sollte", sagte der Kaufmann, der nur mühsam Schritt halten konnte, „auf jeden Fall kleine Nixenfiguren aus Gips produzieren. Als Souvenir! Mein Schwager..."

„Ich denke eher an Sportangeln", schnaufte der Pfarrer von der anderen Seite, „international aufgezogen, mit Teilnahmegebühr. Wer das Traisenwaibchen herausfischt, bekommt einen Preis! Einen glitschigen Kuss, zum Beispiel – der kostet uns nichts. Danach werfen wir es wieder hinein, und der Nächste ist dran..."

„Schon recht", murmelte der Richter. „Mir sind vor allem die Kunststücke wichtig: das Tanzen, das Entführen, das Schatzbeschützen. Damit wir wissen, was wir in die Fremdenverkehrsbroschüre schreiben können..."

Da tauchte schon die Fischerhütte vor ihnen auf. „,TRAISENWAIBCHEN'", las der Richter zufrieden auf dem neuen Schild neben der Tür. „,Beliebter touristischer Aussichtspunkt. Platzkarten hier!' – Schon nicht schlecht. ,Sensation' sollte man vielleicht noch dazuschreiben. Und ,St. Pölten'. Aber wo steckt das Fischweib?"

Das war eine berechtigte Frage. Denn die Wasseroberfläche vor der Hütte war ruhig, die Traisen schien leer, und je länger und gründlicher der Richter Ausschau hielt, desto ungehaltener wurde er. „Ja, wo ist denn unsere Sensation? Schläft sie noch? Und wo sind überhaupt die Fischersleute? He, aufgewacht, aufgemacht, ihr armseligen Netzflicker!", rief er und klopfte Sturm an der Hüttentür. „Habt euch wohl die ganze Nacht herumgetrieben! Wo ist die Nixe? Was kann sie? Zeigt sie uns ihre Künste – oder soll sie in die Pfanne wandern?"

„Stadtrichter! Da!", rief der Bäcker, dem ein spöttisches Plätschern in der Traisen aufgefallen war. Und wahrhaftig: Da saß jetzt plötzlich das Nixlein auf seinem Stein im Wasser, den Fischschwanz eingeringelt, und musterte die Stadtherren. Gleich wurde der Richter wieder freundlich. „Brav!", lobte er. „Gutes Kind, gutes Mädchen! So können dich die Touristen schön erkennen. Brust raus, Bauch rein! Und jetzt tanz uns einmal etwas vor! Oder hast du einen anderen Trick einstudiert?"

„Schaut!", rief da der Syndikus, denn obwohl die Kleine ruhig sitzen blieb, mit spitzen Zähnen lächelnd, und den Magistratsräten entgegenschaute – und zwar merkwürdigerweise durch ein Fernglas –, war nun plötzlich überall Bewegung im Wasser, ein Brodeln und Brausen, und flinke, schlanke Körper glitten durch die Wellenkämme, leuchteten grün und silbern und eisblau auf, und dort und da streckte sich bereits ein lockiger, von Seetang umrankter Kopf aus dem Wasserspiegel.

VII.

Da bemerkte auch das Nixlein das Brodeln und Brausen. Freudig nahm es das Fernglas von den Augen und rutschte zur Seite, damit all die Nixen, Undinen und Seejungfrauen, die jetzt in immer engeren Kreisen um den Sitzstein zogen, Platz fänden. „Treten Sie näher", rief es mit einer Stimme, die klang wie das Aneinanderkratzen zweier Korallen. „Treten Sie näher und bestaunen Sie die Fabelwesen am Traisenufer! Gräuliche, unheimliche Gestalten sind es, nicht wahr, mit ihren zwei Beinen? Derjenige in der Mitte, mit dem dicken Bauch, das ist ihr Anführer! Der Weiße ist ihr Bäcker, den Schwarzen nennen sie Pfarrer. Das junge Mädchen, das gerade aus der Hütte tritt und sich die Augen reibt, das ist etwas ganz Besonderes – es tanzt in der Nacht! Nachtkarten sind extra, bittesehr, Reservierungen sind möglich... oder hat jemand Lust, eins der Ungetüme zu fangen? Gegen einen geringen Aufpreis – jederzeit! Sie strampeln und zappeln, wenn man sie unter Wasser zieht, sehr possierlich, und sind dort bis zu fünf Minuten haltbar! Bravo, das grüngeschuppte Fräulein hat schon einen ergattert! Und den anderen erzähle ich inzwischen gegen ein kleines Meergeld, was es mit der Sage von den Ufermännlein auf sich hat. Wenn nämlich der Abend friedlich verdämmert, der Mond blank am Himmel steht und sein goldenes Licht ausgießt über Wald und Flur, Gras und Stein, taucht bisweilen eine anmutige Gestalt am Rand der Traisen auf..."

* * *

Der Hupfauf im Kaiserwald.

Mitten im Kaiserwald, auf halbem Weg zwischen Tiergatter und der alten gefällten Eiche, treibt der Hupfauf sein Unwesen, und schon manch nächtlichem Zecher, der aus der Stadt kam und auf den Eisberg hinaufwollte, ist die Abkürzung durch den finsteren Wald schlecht bekommen. „Prost!", konnte er nach wenigen Metern hören, und wenn er sich erschrocken umdrehte, weil er wissen wollte, wer dieses Wort gesprochen hatte, dann hörte er „Prost!" binnen kurzem ein zweites Mal, und zwischen den Bäumen sah er ein grün Männlein hervorblitzen, das grinsend und springend sich fortbewegte und dem Zecher auf seinem Weg nicht von der Seite wich. „Prost!", konnte er es dann noch ein drittes Mal hören, worauf er aller Wahrscheinlichkeit nach stehen blieb und dem Hupfauf – denn um keinen anderen handelte es sich – benommen, aber spöttisch erwiderte: „Prost, du Wicht!"

Mehr hatte er nicht gebraucht. Mit einem Hupf saß der Hupfauf dem Zecher auf dem Buckel, fest und grob hielt er seine Ohren wie zwei Griffe, und nun hieß es nicht mehr „Prost", sondern „Hü"! Denn dem Hupfauf darf man niemals Antwort geben. Tut man es, dann setzt er sich fest und jagt einen durch den Wald, und man bekommt ihn nicht eher herunter, als bis man zuhause ist. Wenn man es denn schafft! Denn der Hupfauf ist nicht nur roh, trommelt mit den Fäusten mun-

ter auf den Kopf des Heimkehrers und mit den Fersen gegen dessen Brust, er wird auch mit jedem einzelnen Schritt schwerer, wiegt nach fünfzig Schritten so viel wie ein ausgewachsener Mann, nach hundert so viel wie ein Mastochse und nach zweihundert so viel wie eine Transall C-160.

So ging das eine lange Zeit, bis die Trunksucht in St. Pölten fast ausgerottet war. Da verordnete die Stadt einem jeden Bürger, er müsse auf seinen Schultern Abwehrstacheln tragen, also dünne Metallspitzen der Art, wie sie zur Taubenvergrämung eingesetzt werden, wenn er nach Einbruch der Dunkelheit den Kaiserwald durchqueren wolle; und mit dem Hupfauf und seinem Treiben hatte es ein Ende.

So kann man eine schöne alte Sage natürlich auch ruinieren.

* * *

Der Teufel und der Dombaumeister.

Früher, als der Teufel noch jung war und gute Beine hatte, spazierte er oft durch St. Pölten, um zu schauen, wie es mit der Stadt voranging und wo es eine Teufelei zu verüben gäbe. Da kam er einmal gerade recht, als der Grundstein zum Hippolytkloster gelegt wurde, dem nachmaligen und heutigen St. Pöltner Dom. Das freute den Teufel über alle Maßen. Gar nicht aufhören konnte er zu feixen und zu frohlocken, denn er wusste sofort, wie er den heiligen Bau für seine Zwecke nutzen konnte: Geschwind hüllte er sich in ein schlechtes Wams, gab sich für einen armen Köhler oder Katner oder Kleinhäusler aus und trat keck an den Baumeister heran, der eben sinnierend über seine Pläne gebeugt war. „Heda, Meister", rief der Teufel, „man nennt mich den zupackenden Hans – Köhler, Katner, Kleinhäusler, völlig egal! Hier meine Visitenkarte. Ist's recht, wenn ich an Eurem Gottesgebäude mit Hand anlege?"

Der Baumeister, der in ein schwieriges Problem der Tragwerksplanung vertieft war, blickte kaum auf, wies nur den Teufel mit einem Wink einer Gruppe Maurer zu, damit er was zu tun bekomme. Froh lachte da der Teufel, grüßte den Meister mit einem Kratzfuß und gesellte sich zu den Maurern, indem er auch dort sein Sprüchlein vom zupackenden Hans herunterschnurrte.

Doch es war noch nicht eine Viertelstunde vergangen, da hob der Baumeister seinen Blick von den Plänen, und was er sah, ließ ihm schier den Atem stocken. Das war einmal ein Arbeiter, der Neue! Rührte den Baustoff, als hätte er sein Lebtag nichts anderes getan; legte Stein auf Stein wie ein Wilder und kletterte in heller Eile in die höchsten Gerüste wie ein Eichkater, dass es eine Freude war, ihm zuzusehen.

Am frühen Nachmittag war die Kirche fertig. Schwitzend und kichernd schraubte der Teufel die letzte Glocke in den Glockenstuhl, entzündete die äußeren Kerzen in den Seitenschifflaternen und putzte im Hinunterklettern mit seiner Schwanzquaste hinter sich her. Unten applaudierte der Baumeister, und die übrigen Maurer und Zimmerleute warfen fluchend ihr Handwerkszeug auf die Erde: Der Teufel hatte die erste Massenarbeitslosigkeit in der Geschichte des Dombaus produziert.

„Nun, mein lieber Hans", sagte der Meister, als der Teufel wieder auf die Erde zurückgekehrt war, und schüttelte ihm beeindruckt die Hand, „meinen Glückwunsch! Das war eine unglaubliche Leistung! Alles an einem Tag: die Mauern gebaut, die Fenster verglast, die Orgelpfeifen gestimmt – und weiß der Himmel, was in den Sarkophagen ist, mit denen du die Krypta gefüllt hast!"

„Bischöfe", buckelte der Teufel, „feinste Bischöfe aus aller Welt! In teure Stoffe gehüllt, angetan mit golddurchwirkten Mitren und schweineteuren Brustkreuzen! Habe auch ein paar junge fette Äbte dazugetan, hoffe, dass es recht ist ..."

„Je nun", sagte der Baumeister und zog vorsichtig seine Hand zurück, „dann ist es jetzt also Zeit für deinen Lohn. Hier, ich habe noch einen Dukaten draufgelegt, wegen des wahrlich beachtlichen Tempos, in welchem du ..."

Aber der Teufel unterbrach ihn lachend: „Ihr seid mir auf den Leim gegangen, Meister! Habt wohl gar nicht erkannt, wer ich bin? Der gespaltene Fuß? Die Feder am Hut? Reingefallen, Meister, reingefallen! Nun aber sollt Ihr bezahlen, wie Ihr nie zuvor bezahlt habt! Als Lohn nämlich fordere ich: die Seele des ersten Lebewesens, das die Schwelle dieser Kirche überschreitet! Und damit Ihr es gleich wisst", gickste er, „keine Tiere! Keine Gockelhähne oder Pudel – auf diese Weise hat man mich oft genug angeschmiert. Nur Menschen!"

„Aber", erwiderte der Baumeister verlegen, „das ist in dieser Branche völlig unüblich ..."

„Ei", triumphierte der Böse, „das hättet Ihr Euch besser früher überlegen sollen, mein lieber Magister architectus!" Und mit einem Ruck zog er ein schwarzes, an den Rändern noch glosendes Stück Pergament aus dem Rock: „Beseht Euch einmal den Vertrag! Hier, dieses feurige Papier, welches ich Euch auf den Tapeziertisch knalle – besonders das Kleingedruckte beachtet, besonders das Kleingedruckte! Seht es Euch nur ganz genau an – mit Eurem Blut müsst ihr es unterschreiben, Herr Baumeister, mit Eurem eigenen Blut! Hier, hier und hier, wenn ich bitten darf – hm –, auch wenn der Dom jetzt eigentlich schon fertig ist ... – na ja ... –, also wenn Ihr wollt, könnt Ihr meinetwegen auch einen Stift nehmen – aber unterschreiben müsst Ihr, ja? Das wäre sonst unfair, Meister, bitte … – kommt schon, es war wirklich eine Heidenarbeit, schaut Euch nur einmal die wunderschöne Turmspitze an … – nur ein kleines Autogramm, ach bittebitte, ein ganz kleines …"

Da tat der Teufel dem Baumeister so leid, dass er noch fünfzig Heller extra springen ließ und ihn auch sehr lobte für die vielen verzwickten Klauseln im Vertrag, auf die er bestimmt hereingefallen wäre, wenn er ihn nur früher vorgelegt bekommen hätte; und dann lud er den Teufel herzlich zur Gleichenfeier ein und zur Weihe, ganz vorne reserviere er ihm einen Platz, zwischen dem Bürgermeister und dem Pfarrer, das sei nur gerecht bei den wirklich hervorragenden Diensten, die der Satan dem geistlichen Zentrum St. Pöltens erwiesen habe, und vielleicht lasse sich sogar noch ein Dankgottesdienst – …

Aber da war der Höllenchef bereits mit Wutgeheul abgefahren in sein unterirdisches Reich. Dort aber, wo er seinen Vertrag auf den Boden geschleudert hat, blieb ein höllengelber Riss zurück, der noch viele hundert Jahren zu sehen war und den der Magistrat erst 1982 hat zuspachteln lassen.

* * *

Der *liebe* Julian.

St. Pölten wurde seit den Tagen des Mittelalters immer wieder von der Pest geplagt. Auch wenn versucht wurde, die Seuche vor den Stadtmauern zu halten, etwa durch den Bau eines Siechenhauses vor dem Linzer Tor, so gelang dies nicht immer, und war der Schwarze Tod erst einmal in die Stadt eingedrungen, dann fand er in den beengten Wohnverhältnissen sehr gute Arbeitsbedingungen vor.

Im Jahre 1679 verbreitete sich die verheerende Krankheit zum letzten Mal in unserer Stadt. Die Menschen stöhnten unter Ausgangsbeschränkungen und Repressalien, waren aber ansonsten sehr vernünftig: Sie hielten Abstand, trugen selbstgeschusterte Masken, und die Handwerker und Bauern arbeiteten brav von zu Hause aus, statt ihre Ambosse und Kühe in die ungelüfteten Büros zu tragen.

Zu jener Zeit lebte in St. Pölten auch ein Dudelsackpfeifer namens Julian, der von Schenke zu Schenke zog, um mit seinen Liedern und Späßen die Menschen zu erfreuen. Keiner wusste damals ja, ob er den nächsten Tag noch erleben oder ob er sich an der schrecklichen Pest anstecken würde, und also nutzten die St. Pöltner Bürger jede Gelegenheit, sich in überfüllten und stickigen Weinstuben auf schmale Wirtshausbänke zu quetschen. Sie soffen einen Krug nach dem anderen und lachten über die Auftritte des lieben Julian, denn sie wussten: Jedes Lied konnte das letzte sein. Wenn dann die Zugabe kam, lagen sie sich allesamt schunkelnd in den Armen und sangen aus vollem Halse mit:

O, du lieber Julian,
jeder kommt dran!
Ich komm dran, du kommst dran,
und ganz St. Pölten dann,
O, du lieber Julian,
sag mir nur, wann?

Nach einem dieser Abende – eigentlich war es schon tiefe, dunkle Nacht geworden – torkelte Julian aus einem Wagramer Gasthaus der Stadt zu. Er hatte viel gesungen und viel Geld verdient, denn gerade heute war ein großer Leichenschmaus gewesen, in dessen Verlauf sich viele der Trauergäste angesteckt hatten – weshalb es nicht bei einem einzigen Schmaus blieb, sondern am Ende zehn oder zwölf Schmäuse stattfanden, erst hintereinander, dann gleichzeitig. Tränen und Wein waren reichlich geflossen, die Leute hatten gelacht und geheult und getrunken und einander immer wieder reihum infiziert, und jetzt, nach vielen, vielen Stunden, waren alle tot; und dem Julian waren die Taschen schwer vor lauter Münzen und das Blut träge vor Wein und Schnaps.

Mühsam schleppte er sich über den schmalen Steg, der damals zwischen St. Pölten und Wagram über die

Traisen führte. Sehnsüchtig dachte er daran, in seiner Dachwohnung in der Klostergasse seinen Rausch auszuschlafen. Als er endlich übers Wasser gefunden hatte und sich im Finsteren die Stadtmauer entlangtastete, verfehlte er erst das Wiener Tor, dann das schmale Sautor am Ende der Lederergasse und gelangte schließlich ans Linzer Tor. Erst dort, nahe beim Seuchenhaus, fiel ihm auf, dass sämtliche Ein- und Ausgänge der Stadt zu dieser späten Stunde natürlich schon versperrt waren. Grübelnd und schwankend stand der liebe Julian da, starrte auf den Torturm und die unüberwindbare Mauer, und wenn er sich nicht entschlossen an seinem Dudelsack festgehalten hätte, wäre er bestimmt umgekippt. Da merkte er, wie schwere Regentropfen zu fallen begannen, und weil er, nachdem er sich innerlich schon so sehr angefeuchtet hatte, nicht auch außen noch nass werden wollte, suchte er Deckung am Turm – tastete sich voran, erst nach links, dann nach rechts, bis er plötzlich mit einem Plumps in eine Grube stürzte, in der es warm und weich war. Glück im Unglück, dachte der Julian. Er zog seinen Überrock über den Kopf, bettete sich auf den Dudelsack und schlief sofort ein.

Früh am nächsten Morgen waren die beiden städtischen Leichenträger mit ihrem Karren zugange. Sie hatten schwere Ladung und waren froh, dass die Pestgrube nicht mehr allzu fern war.

„He, Franz", keuchte der eine dem anderen zu, „zieh fester, damit ich nicht so schwer schieben muss!"

„Kommt nicht in Frage, Karl", empörte sich der andere, „das Ziehen ist deine Aufgabe, ich bin fürs Schieben zuständig!"

„Aber du weißt, dass ich kein gutes Zugpferd bin", jammerte der Erste wieder und drückte mit aller Kraft gegen den Karren. „Und ich habe erst gestern den ganzen Tag gezogen. Sei so gut, lass mich schieben!"

„Du irrst dich!", entgegnete der andere böse. „Hast du ein Loch im Schädel? Gestern war *ich* der Zieher! Aber sei es drum – schieben wir eben in Gottes Namen beide!" Und er stemmte fest seine Schulter gegen den Karren und konnte ihn doch um keine Elle fortbewegen.

So schwer waren die beiden Leichenträger beschäftigt, so laut schimpften sie aufeinander ein, dass sie erst nach einiger Zeit hörten, wie sie einer rief. „He!", vernahmen sie. „Heda! Wollt ihr wohl ruhig sein, ihr da draußen mit eurem verflixten Wagen? Manche Leute haben die ganze Nacht gearbeitet und wollen schlafen!"

„Das ist doch der Julian", sagte der eine Träger und blinzelte erstaunt nach links und nach rechts.

„Ich höre ihn, ich sehe ihn aber nicht", meinte der andere und beschattete seine Augen mit der Hand. „Ob er gestorben ist und uns als Geist anruft?"

„Was Geist!", rief die Stimme verärgert. „Quicklebendig bin ich! Zu lebendig für meinen Geschmack – würde gern noch ausruhen, schlafen, aber das ist ja nicht möglich bei eurem Gelärme, ihr Fuhrwerker, ihr Brüllochsen!"

Nein, jetzt war es nicht mehr zu leugnen: Das Geschrei war echt, und es kam – aus der Pestgrube. Vorsichtig traten die beiden Männer an den Rand und staunten Rubikwürfel, als sie dort unten zwischen lauter Pesttoten einen Lebenden sahen, der zu ihnen heraufschimpfte: „Ja, wollt ihr mich denn nicht wenigstens herausziehen, wenn ihr mich schon aufwecken müsst, ihr Leichenschänder, ihr modrigen?"

„Der Julian!", rief der eine der beiden endlich, „er ist es wirklich!" Und da er es ausgesprochen hatte, knieten sich beide schleunigst hin und beeilten sich, dem armen Spielmann herauszuhelfen. „Sag", fragte der andere Leichenträger, „wie geht es zu, dass du so lange dort unten gesteckt hast und doch nicht tot bist?"

„Gewiss nicht euer Verdienst!", gab der Julian zurück, seinen Dudelsack auswringend. „Hätte mir alle Knochen zerschlagen können, als ich in eure Grube gefallen bin! Das kann doch nicht erlaubt sein, ihr Esel, dass die Stadtverwaltung euch hier Löcher aufreißen lässt, damit sich wohlanständige Bürger den Hals brechen!"

„Hals brechen?", verwunderte sich der erste Träger. „Wir sprechen doch von der Seuche! Wie kann es sein, dass du unter lauter Pesttoten liegst und selber kein bisschen pesttot bist?"

„Ach, ein gutes Immunsystem hält so was aus!", erklärte der Julian.

„Das danke dem Herrn", erwiderte der zweite Leichenträger. „Die anderen dort unten hatten nicht so viel Glück."

Der Julian zuckte die Schultern. „Hatten wahrscheinlich Vorerkrankungen. Oder waren alt."

„Wie? Aber schon jeder dritte St. Pöltner ist von der schrecklichen Krankheit ..."

„Komm mir nicht mit solchen Gräuelmärchen", brauste der Julian auf. „Jeder dritte! Wenn wir nicht so viel testen würden, wären die Zahlen viel niedriger. Stattdessen immer Hygiene, Hygiene! Ich bin schon ganz wund vom Händewaschen. An ein bisschen Dreck ist noch niemand gestorben. Und zu viel Sterilität ist auch nicht gesund! Aber was soll man von euch beiden schon erwarten, ihr vertretet ja die Leichenträgerlobby, ihr verdient euch an der sogenannten Pest eine goldene Nase ..."

„Wollt ihr wohl ruhig sein!", hörten sie plötzlich eine zweite Stimme aus der Grube, und die beiden Träger beugten sich erstaunt erneut darüber. „Ich versuche hier, mich auszuruhen, und ihr macht ein Gekeife!" – „Halt selber den Mund!" erklang eine dritte Stimme. „Und nimm deinen Fuß aus meinem Gesicht!" – „He, ihr da oben!", schrie eine vierte. „Statt dumm herumzustehen und euch mit dem Julian zu streiten, könntet ihr uns auch heraushelfen, wenn's recht ist!" Da erwachten die beiden Leichenträger aus ihrer Verblüffung, rannten hurtig zu ihrem Wagen und holten die Leiter, und einer nach dem anderen kletterten die vermeintlich Toten jetzt aus der Grube heraus, klopften sich den Staub aus den Kleidern und die Leichenstarre aus den Gelenken, denn sie waren alle nur betrunken gewesen oder müde oder vorübergehend bewusstlos – und auch die Opfer des Totenschmauses von gestern spazierten plötzlich fröhlich schwatzend und untergehakt um die Ecke. Ja, das war ein Hallo! Und eine Freude! Alle fielen einander in die Arme, die Pestgruben und Friedhöfe leerten sich im Handumdrehen, St. Pölten verzeichnete einen sprunghaften Bevölkerungszuwachs, und alles wegen eines einzigen ehrlichen Musikanten, der sich nicht von der allgemeinen Hysterie hatte anstecken lassen. Aus Dank dafür, dass die Pest so glimpflich an der Stadt vorübergegangen war wie eine etwas stärkere Grippe, errichteten die St. Pöltner Bürger später auf dem Breiten Markt eine schöne Dreifaltigkeitsäule aus Eggenburger Sandstein, die kann man sich heute noch anschauen mit seinen zwei beiden Schweinsäuglein.

* * *

Amsel, **Zwetschge und** *Kabelbinder.*

Es hatte ein Mann eine schwarze Amsel, die hatte jahraus, jahrein immer fröhlich Lieder gesungen in seinem Garten, aber weil sie eines Tages alt und heiser geworden, so schickte er sie weg. Stumm und betrübt ging da die Amsel ihres Weges Richtung Viehofen und haderte mit ihrem Schicksal: „Bin nun so alt geworden, mein Federkleid ist grau und mein Schnabel stumpf, werde wohl anderswo mein Auskommen suchen müssen und dort den Gnadenwurm picken."

Als nun die Mittagshitze am größten war, fand sie eine alte Zwetschge auf dem Wege liegen, die schrumpelte und faulte in der Sonnenglut. „Hast du ausgedient bei deiner Herrschaft, altes Steinobst?", fragte die Amsel mitleidig.

„Ach", jappte die Zwetschge, „weil ich hart und trocken bin und nicht mehr schmecke, hat mich die Hausfrau wollen auf den Schindanger werfen, da habe ich Reißaus genommen."

„Komm mit mir", sprach die Amsel. „Wo der Weg breit genug ist für einen, wird er auch zwei tragen!"

Es dauerte nicht lange, da sahen sie einen gebrauchten Kabelbinder im Rinnstein liegen. „Na, altes Polyamid-Verbindungselement", fragte die Zwetschge verschmitzt, „bist du weggeschmissen worden wie ein räudiges

[abgebrochen wegen Vermärchung]

* * *

Der Riese vom Herrenplatz.

I.

Wenn du in St. Pölten vom Domplatz schräg hinunter-
spazierst Richtung Süden oder von der Wiener Straße
Richtung Stadtmitte, dann kommst du zum Herrenplatz, auch „Samstagsplatzl" genannt. Hier befindet sich
die Mariensäule mit den vier stets am Samstag erleuch-
teten Laternen, hier befindet sich auch eine Doppelstatue, die zwei Marktbesucherinnen darstellt, welche
in eine angeregte Unterhaltung vertieft sind. Vielleicht
hast du Lust, dich zu einer Melange in den Schanigar-
ten des Café Schubert zu setzen oder zu einem Teller
Souvlaki vor das Gasthaus „Schwarzer Adler", in dem
schon anno 1805 der Eroberer Napoleon ein Moussaka
gespeist haben soll; vielleicht stellst du dich mit einem
Glas Chianti vor die Osteria oder schmaust einen Döner
im Stehen. In jedem Fall hast du einen guten Blick auf
das schöne rosafarbene Haus Herrenplatz Nr. 6 mit seinen neun Fenstern und seinen weißen Risaliten.

Irgendwann, wenn du lange genug die Fassade bewundert hast, wird dir ein seltsamer Haken auffallen,
der in halber Höhe aus dem Hauseck ragt. Dazu aber
gibt es eine Geschichte, die sollst du jetzt hören.

II.

Adam Siegloch hieß ein Riese, der vor vielen Jahren in der Gegend des Kollerbergs wohnte. Vielleicht war er ein Nachkomme der bayerischen Zwillingsriesen Adalbert und Ottokar, deren imposante Statuen du heute noch hinter dem prachtvollen Gitter der bischöflichen Residenz erblicken kannst. Oder wenigstens Nachfahre *eines* der beiden Brüder – wer weiß? Allerdings war Adam nicht so umtriebig und kriegerisch wie diese beiden Alten. Im Gegenteil, er war friedlich, mancher hätte auch gesagt: ohne Anteil an dem, was um ihn vorging; arbeitete wenig, schlief gerne lang am Hange des Kollerbergs und ernährte sich von den Früchten des Waldes, also Beeren, Nüssen, Eichhörnchen; nur alle heiligen Zeiten einmal holte er sich ein Schaf oder ein Kälbchen aus den Bauernhöfen der Umgebung und manchmal auch den Bauern als Nachtisch. Spaziergängerinnen aber, die sich sonntags in dieser Gegend ergingen, bot sich ein interessantes Schauspiel. Denn der Riese Adam, so nachlässig war er, zog sich selten einmal ein Kleidungsstück an. Und vielleicht lag die Schuld an diesem Missstand gar nicht so sehr bei ihm – schließlich waren damals Übergrößen und das Kürzel „XXL" noch unbekannt, auch waren die Menschen im Durchschnitt kleiner gewachsen als heute und Kleider kostspielig –; also was hätte der Riese, selbst wenn er sich zu etwas mehr Modefreude und Lust an der Verhüllung durchgerungen haben würde, anziehen können? Eben.

Jedenfalls war es kein Wunder, dass unter den Frauen St. Pöltens das sonntägliche Spaziergehen immer beliebter wurde, ja sich bald ganze Gruppen zusammenfanden, die die frische Luft und die herrliche Aussicht am Kollerberg genießen wollten.

Auch kein Wunder, dass dies den Ehegatten ein Dorn im Auge war. Nicht nur fürchteten sie um das sittliche Empfinden ihrer Gemahlinnen; nein, vor allem hatten sie Angst, im direkten körperlichen Vergleich mit dem nackten Riesen schlecht abzuschneiden. So wenig entwickelt war damals das Selbstbewusstsein, so stark ließ man sich von idealisierten Körperbildern beeinflussen, und also legten sie alle zusammen und wandten sich an die Schneiderzunft von St. Pölten, um dem Adam Siegloch einen Rock und ein Beinkleid nähen zu lassen.

III.

War das eine Riesenarbeit! 55 Tage lang werkten die Stadtschneider ununterbrochen. Und stets unter Einsatz ihres Lebens: Manch einer fand den Tod unter einer plötzlich losrollenden Zwirnsspule, ein anderer ging ins Garn, einen spießte die Nadel, und zwei Lehrlinge gerieten unter einen umstürzenden Stapel Knöpfe und blieben mit zerschmetterten Gliedern liegen. Und dennoch: Trotz dieser schwierigen Bedingungen war das Gewand pünktlich zur Sommersonnenwende fertig. Eine Delegation der St. Pöltner Männer zog hinaus zum Kollerberg, vorneweg drei tapfere Schneider, die auf Böcken ritten und im gleißenden Mittagslicht ihre blitzblanken Scheren präsentierten, hinten die Versehrten und Verwundeten und ganz am Ende sechs Pferdefuhrwerke, jedes gezogen von vier starken Gäulen: Damit beförderten sie Jacke wie Hose. Adam, der gerade schläfrig zu Füßen des Kollerberges ausgestreckt dalag und sich die Genitalien kratzte, richtete sich erstaunt auf, als er die näherkommende Zwergenschar erblickte.

„Sei gegrüßt, Riese!", rief der lauteste der Männer, der Ausschreier Leopold (was der Adam gerade noch so hören konnte). „Wir, die Männer der Stadt St. Pölten, bringen dir hiermit ein Geschenk! Nicht länger sollst du unbekleidet umherstreifen. Nein, ein großer, mächtiger Riese wie du verdient die besten Stoffe, die feinsten Tuche! So nimm unser demütig dargebrachtes Opfer an – darum bitten wir dich!"

Interessiert griff Adam nach dem hintersten Fuhrwerk, pflückte erst eines der Pferde ab, um es zu kosten, und hob dann den langen hechtgrauen Rock in die Höhe. Erst besah er ihn, dann beschnüffelte er ihn. Dann schob er die Arme in die vorgesehenen Löcher. Siehe da – er passte! Nun raffte Adam auch das Beinkleid an sich, stieg zuerst verkehrt herum hinein, sodass der Hosenboden um seine Füße schlackerte; hatte aber bald heraus, wie man das Ding richtig anlegte, und als er nun von den Knöcheln bis zum Kragen bekleidet war, so dass die Männer erleichtert und heimlich aufseufzten, drehte er sich hin und her, bestaunte seine

Ärmel und seine Knie, zupfte an den Knöpfen und ließ sich schließlich vom lauten Leopold dabei helfen, die Knopflöcher zu finden.

Und fand sie auch. Was er nicht fand, war ein Spiegel. Also bückte er sich, senkte – denn es war eigentlich ein rücksichtsvoller Riese – seine Stimme zu einem Flüstern, was dem Leopold immer noch wie das Brausen eines starken Windes vorkam, und fragte nach einem solchen. „Einen Spiegel?", brüllte der Leopold zurück und strich sich die Riesenspucke aus dem Haar. „Daran haben wir nicht gedacht! Wir haben auch gar keinen Spiegelmacher im Ort."

Das aber kränkte den Adam. Denn es genügte ihm nicht, dass die anderen ihn bewunderten, er wollte sich auch selbst sehen können.

IV.

Schade um den schönen Plan! Jetzt nämlich waren alle unzufrieden: der Adam, der im feinen Zwirn auf dem Kollerberg saß und düster vor sich hinstierte; die Frauen der Stadt, weil der angezogene Adam für sie uninteressant geworden war; und die Männer, weil sie keinen Spiegel herbeischaffen konnten und die Rache des Riesen fürchteten.

Am unzufriedensten von allen aber war der Ausschreier Leopold. Er wohnte damals mit Gisela, seiner Gattin, im rosafarbenen Haus am heutigen Herrenplatz

48

Nr. 6 – ja genau, das, welches du vor dir siehst, weil du immer noch nicht deinen Kaffee ausgetrunken hast!

„Weib", schrie der Leopold, „jetzt schleichen wir schon seit Tagen unzufrieden umeinander her! Wie lange soll das noch so gehen?"

„Kann ich dafür?", schrie die Ausschreierin zurück. „Es war nicht meine Idee, den Adam neu einzukleiden! Wenn ihr Mannsleute nicht gar so großzügig mit den Stoffen und Tuchen umgegangen wärt, hättet ihr vielleicht noch Geld für einen Spiegel zusammenkratzen können!"

„Du hast ja recht, Gisela", brüllte Leopold versöhnlich. „Wir sind selber schuld! Die ganze Misere, in der wir stecken, hat eine Menge Gulden und zwölf arme Schneiderseelen gefordert. Ach, könnte ich es nur ungeschehen machen!"

„Ärgere dich nicht, mein armer Leopold!", schrie die kluge Gisela. „Heute, nach dem Markttag, versammle ich die Frauen der Stadt vor unserem Haus. Dann werden wir gemeinsam beraten, was zu tun ist!"

(An dieses Treffen erinnert noch heute die Doppelstatue der beiden beratenden Einkäuferinnen am Rand des Platzls. Den heutigen Namen „Herrenplatz" aber hat es von den Herren, die sich heimlich im Haus des Ausschreiers versammelten, um herauszufinden, was ihre Gattinnen vorhatten. Sie wurden aber nicht schlau aus dem, was sie durchs Fenster sahen: Geflüstert wurde dort, Spaten und Schaufeln wurden ausgeteilt, und ein Teil der Frauen begann emsig zu graben ...)

V.

Noch am selben Nachmittag zog wieder eine Delegation vor die Stadtmauer. Diesmal aber waren es nicht die St. Pöltner, sondern die St. Pöltnerinnen. Nur kurz blickte der Riese Siegloch auf, als er die Truppe sah, und kratzte sich weiter am Gesäß – die Kleider, die er seit Tagen trug, juckten ihn entsetzlich. „Grüß dich, Riese!", brüllte Gisela. „Unsere Männer haben dir Kleidung geschneidert, um deinem vortrefflichen Leib zu schmeicheln. Da wollten wir Frauen nicht nachstehen! Damit du dich bewundern kannst, wie es deinem Putz und deiner einnehmenden Gestalt zukommt, graben unsere Freundinnen gerade einen sauberen, blanken Spiegel – einen Wasserspiegel! Du musst uns nur folgen, und schon bald wirst du deinen herrlichen Anblick genießen können!" Der Riese, der sein Ohr tief herabgeneigt hatte, nickte der winzigen Schreierin freudig zu, und so zog die kleine Prozession wieder zurück zur Stadt – die Frauen scherzend und ausgelassen, der Riese sehr behutsam, um keine Dachziegel herunterzureißen; denn es war eigentlich ein vorsichtiger Riese.

Die Grabungsarbeiten am Samstagsplatz waren weit gediehen. Schon war das Grundwasser aufgestiegen. Am Rand des großen Beckens standen die Arbeiterinnen, die Schaufeln noch in den Händen, und hoben erfreut ihre Köpfe zum lange entbehrten Adam. Nun trauten sich auch die Männer hervor, lugten scheu zum Riesen hinauf und staunten über den Spiegelsee. Hin- und hergerissen waren sie: Die Idee fanden sie gut, nur der Platz, an dem sich der Riese spiegeln sollte, schien ihnen ungünstig. Mitten im Stadtzentrum! Ob er da nicht noch viel öfter aufkreuzen würde, unter den gierigen Blicken ihrer Frauen?

„Hier ist es", schrie Gisela. „Wann immer du dich bewundern willst, Adam, kommst du einfach zu uns! Hier kannst du dich auch rasieren und kämmen. Und deine Zähne putzen – du weißt, dreimal täglich Minimum ..." Da wollte ihr Mann, der Leopold, den diese angebotene Besuchsfrequenz höchlichst beunruhigte, sie unterbrechen – aber selbst sein lautes und wohlerprobtes Organ ging unter im begeisterten Brausen der Riesenstimme: „Welch ein herrlicher Spiegel ist das!", jubelte der Adam und klatschte in die Hände: „Wie fesch ich aussehe! Wie schön meine Kleider sind! Danke, liebe Frauen der Stadt St. Pölten, danke!" Verzückt drehte er sich, rasend vor Eitelkeit wollte er jeden Knopf, jede Borte seines doch schon recht speckigen Gewandes bewundern.

Doch als er sich so ausgiebig selbst betrachtete – zum allerersten Mal in seinem Leben, übrigens –, da bemerkte er die Kratzspuren an seinem Hals, und dass er schon wieder beide Hände unter seinem Rock hatte, um sich zu schaben, so sehr kitzelte ihn der ungewohnte Stoff. Nachdenklich tat er einen Finger in den See. Er war tief, die Schauflerinnen hatten gut gearbeitet, auch die Temperatur war angenehm. Und ohne lange zu überlegen, zupfte der Riese an den Knöpfen seines Gewandes, um sich auszuziehen und seinem zerschürften und juckenden Leib Linderung zu gönnen.

„Halt!", brüllte der Ausschreier Leopold. „Was tust du, lieber Herr Riese? Du kannst hier nicht baden!" Adam Siegloch kniff die Augen zusammen, denn er erkannte den Mann, der ihm den Spiegel verweigert hatte. „Und warum nicht?", schnaubte er.

„Weil du", stotterte Leopold, „dein herrliches Gewand schonen musst! Willst du es hier ablegen, im Staub und Kot unserer Straßen? Das wäre ewig schade! Soll es wirklich schon nach so kurzer Zeit verderben?"

Das war ein Argument, auf das dem Adam erst einmal nichts einfiel, weshalb er schwieg und im Knöpfeaufknöpfen innehielt – denn es war eigentlich ein sehr nachdenklicher Riese. Da trat Gisela vor, ein stilles Lächeln im Gesicht, und nahm ihren Gatten beiseite. „Mann", schrie sie so, dass es auch der Riese hören konnte, „zerbrich dir nicht den Kopf! Wir haben vorsorglich einen Kleiderhaken angebracht." Dabei wies sie auf die Ecke ihres rosafarbenen Hauses, wo wirklich ein Haken prangte, an den der Riese Adam Siegloch, nachdem er die Sache kapiert hatte, auch gleich freudig seine Kleider hängte, um hernach im Spiegelsee nach Herzenslust herumzuplanschen. Und das pflegte er danach sein Leben lang zu tun. Dreimal pro Woche. Nackt, natürlich.

Erst nach seinem Tod haben die St. Pöltner Männer den See wieder zugeschüttet. Danach gab es lange kein stehendes Gewässer mehr in der Stadt. Erst im späten 20. Jahrhundert erlaubten sie, dass der Ratzersdorfer

See angelegt wurde, und ein Pottenbrunner Unternehmer durfte zwei Schottergruben ausheben, die heutigen Viehofner Seen – alle drei Badeorte aber weit, weit draußen, viele Kilometer entfernt vom Herrenplatz, auf dem nie wieder ein Nudist gesichtet wurde. Nur noch der Haken erinnert daran, dass es hier einmal einen Riesen gegeben hat, der vor dem Baden seine Kleider aufhängen konnte. Was er auch stets getan hat – denn es war eigentlich ein sehr sorgfältiger Riese.

* * *

Der Teufel
im Regierungsviertel.

Viele Jahre später, als sich der Teufel wieder einmal in die Nähe von St. Pölten verirrt hatte, und zwar in die Gegend der ehemaligen „Schinderwiese" an der Traisenbrücke und der alten Trabrennbahn, bemerkte er dort zwei ältere Männer, einen mit grauem Schopf und einen mit weißem, die zwei Spaten in die Erde stachen. Neugierig trat der Böse näher, denn er hatte vergessen, dass er schon einmal, vor unvordenklichen Zeiten, in St. Pölten angeschmiert worden war. Da fiel ihm ein großes Schild hinter den beiden Spatenstechern ins Auge: „HIER BAUT DIE LANDESHAUPTSTADT IHR NEUES REGIERUNGSVIERTEL. DAS HERZ NIEDER-ÖSTERREICHS."

Während der Teufel noch rätselte, was mit diesen modernen Worten gemeint sein mochte, wurde er plötzlich von gleißendem Blitzlicht geblendet, ein Klicken und Rattern schreckte ihn, und er sprang, Sterne und Kometen vor den Augen, in ein nahe gelegenes Gebüsch. Staunend und augenreibend gewahrte er von dort aus eine große Menge von Journalisten und Fotografen, die die beiden Alten mit ihren Spaten eingekreist hatte: „Herr Bürgermeister, hier!", hieß es, „Herr Landeshauptmann!", „Bitte recht freundlich!" und „Die Herren, bitte noch einmal fürs Radio!"

Gebannt beobachtete der Höllenfürst die beiden Männer, wie sie sich weiter auf ihre Werkzeuge stützten, manchmal auch eine kleine Schaufelspitze Erde zutage förderten, bis die Fotografen zufrieden waren und ihre Kameras senkten. Jetzt schien ihm doch eine alte Erinnerung wiederzukommen, denn er dachte: So langsam und unbeholfen waren sie früher nicht, wenn sie eine Großbaustelle eröffneten. Und die Arbeiter waren früher auch jünger! Es muss schreckliche Rückschritte in der Baukunst gegeben haben, wenn man sich heute mit grauhaarigen und weißhaarigen Männern behelfen muss ...

Jemand hatte Bier und Würstel gebracht, man prostete einander zu. Der Teufel, der sich in ein unauffälliges

Journalistenwams gehüllt hatte, mischte sich unters Volk. Angelegentlich näherte er sich den beiden Spatenstechern, wurde auch bald von dem einen begrüßt und von dem anderen auf die Schulter geklopft, als würden sie einander schon seit ewigen Zeiten kennen – was ja menschheitsgeschichtlich nicht ganz falsch war. Der eine der beiden, den sie „Bürgermeister" nannten und der eine schöne rote Nelke im Knopfloch trug, war dem Teufel sofort sympathisch. Anders der zweite, der „Landeshauptmann": Der erzeugte mit seinem salbungsreichen, ständig den Herrgott im Munde führenden Geschnarre heftigen Ekel beim Teufel, so dass er warten musste, bis der Frömmler zu einem tiefen Schluck aus dem Bierglas ansetzte und er endlich den Bürgermeister fragen konnte: Wie lange der Bau wohl dauern werde? Wie viel es kosten solle?

„Das lass einmal getrost unsere Sorge sein", antwortete stattdessen der Landeshauptschnarrer, der schon wieder ausgetrunken hatte, und wischte sich den Schaum vom Mund. „Stadt und Land, Rot und Schwarz arbeiten hier Gott sei Dank vertrauensvoll zusammen. Mit Gottes Hilfe wird alles ein gottgesegnetes Ende finden!"

Der Teufel krümmte sich vor Abscheu, schob dem Schwadroneur schnell ein Paar Würstel in den Mund und holte dann, indem er einen kleinen Knicks vollführte, ein Papier aus seinem Rock: Wenn die hohen Herren Interesse hätten, dass der Bau sehr viel schneller und sehr viel billiger abgeschlossen werde, er könne ihnen seine Hilfe anbieten, es koste nur die geringe Summe von ... – hier verlegte sich der Meister der Unterwelt aufs Murmeln – ... damit am Ende das ganze große REGIERUNGSVIERTEL (so las er mit zusammengekniffenen Augen von der Tafel ab) herrlich blitzblank vor ihnen stehe, wie aus dem Boden gestampft, ja sozusagen wie aus dem Tiefinnersten der Erde geholt und gezaubert, dem Volke der LANDESHAUPTSTADT zum Ergötzen und den Herrschern NIEDERÖSTERREICHs zur Ehr' ...

„Machen wir schon! Machen wir!", kollerte der Landeshauptmann mit vollem Mund, zog einen Stift aus dem Sakko des Bürgermeisters und setzte seinen Schnörkel unter den höllischen Vertrag: „Ein Autogramm will er, Willi, ein Autogramm von den Hauptstadtvätern! Ja ja, wie ich immer sage: Ein Land ohne Hauptstadt ist wie ein Gulasch ohne Saft, und eine Hauptstadt ohne Regierungsgebäude ist wie ein Saft ohne Schüsserl!" Worauf auch der stumm kauende Bürgermeister seinen Namen auf dem Vertrag hinterließ. Froh lachte da der Teufel, weil es so einfach gewesen war, machte einen Bückling, und schon war er wieder zur Hölle gefahren, in kometenhaft rasender Eile, das Vertragspapier eng an den Busen gepresst.

Von Stund' an wummerten und knatterten die Baufahrzeuge über den Trabrennplatz, dass Fuchs und Hase die Flucht ergriffen. Die Mischtrommeln mischten, Zementsäcke wurden geschupft, Scheibtruhen gelupft und über Baugruben gehupft; Bagger fraßen sich tief ins Herz der Erde, und niemals zur Ruhe kam das Dixiklo. Auf dem höchsten Schalbrett oben tanzte der Teufel, gickerte und jubelte über all dem Höllenlärm, warf links einen Batzen Mörtel ins Festspielhaus, rechts eine Traverse ins Landtagsschiff und ab und zu im Spaß dem Hans Hollein einen Ziegel an den Helm.

Als nun der Bau zu Ende ging und die Eröffnung bevorstand – dem Satan war die Zeit wie im Flug vergangen, wie jedem, der mit großer Begeisterung bei der Sache ist –, rollten abermals die Wägen des Bürgermeisters und des Landeshauptmannes vor. Der Letztere aber war ein anderer, statt des schnarrenden Grauschopfs stand jetzt ein dröhnender Glatzkopf vor der Festmenge. Doch daran stieß sich der Teufel nicht. Was tut's, dachte er, ist doch des Vorgängers Unterschrift grad so gut wie die des Nachfolgers. Und außerdem habe ich noch jene des Bürgermeisters.

Stolz triumphierend, die Urkunde in den Krallen, mischte er sich ins Volksgewühl, das die hohen Herren umbrandete. Dabei wusste er es so anzufangen, stets in der ersten Reihe zu stehen, von wo aus er dem alten Bürgermeister einigemale mit dem Vertrag winkte. Zurück winkte aber nur der neue Landeshauptmann, welcher gerade lachend das Eröffnungsband durchschnitt und hernach die Schere an den Bürgermeister weiterreichte. Der versuchte noch, etwas von dem schlaffen, am Boden sich kringelnden Bande abzuschneiden, als er eine heisere Stimme vernahm: „Mein Herr!" – und als er aufsah, stand der Teufel vor ihm: „Ist's recht so

58

mit dem Landhausviertel, Bürgermeister? Gefällt das
Festspielhaus, das Landtagsgebäude? Ist die Bibliothek
nach Euren Wünschen? Der Klangturm hoch genug?
Laut genug?" Der Bürgermeister richtete sich mühsam
zur vollen Bürgermeisterhöhe auf, bejahte freundlich
und erklärte, wie froh er sei, dass gerade St. Pölten in
der wichtigen Landeshauptstadtfrage – ...

„Grüß Gott, grüß Gott!", erdröhnte es da von hinten,
und eine Hand schlug dem Teufel derb auf den Buckel.
„Der begeisterte Architekturfan aus dem Publikum! Sag,
Willi, willst du mir deinen Freund nicht vorstellen?"

Er sei, grummelte der Teufel (und schob seine ver-
rutschten Hörner wieder zurecht), nicht alleine Architekturfan, vielmehr selber eine Art Architekt. Freilich
einer, der bisher ohne Bezahlung gearbeitet habe, weshalb – ...

„Um Gottes Lohn!", lachte der Landeshauptmann.
„Um Gottes Lohn, na Gott sei Dank, hahaha!"

Der Teufel spie einen hellen Strahl vor des Bürgermeisters Schuhe. Nicht ganz, erwiderte er fahrig (und
bemerkte gerade rechtzeitig, dass er sich fast den Mund
mit dem Vertrag abgewischt hätte): Hier, in seinen eigenen Händen, halte er eine Urkunde, die ihm seinen ge-
rechten Lohn zumesse für die teuflischen Mühen, unter
denen er den Bau so überaus gewissenhaft geleitet habe!
Und diesmal gelte es! Dies, so fuchtelte der Teufel unter
bösen Grimassen, sei die Unterschrift des Bürgermeisters – ja? Und dies die Signatur des Alt-Landeshaupt-
mannes, des Vorgängers – das zähle, oder? Nun, dann

fordere er hiermit seinen Preis! Und laut verlas er, um-
züngelt von giftgelben Flammen und im Beisein seines zur Sicherheit rasch herbeigezauberten Advocatus
diaboli, des geduldigen Dr. Belial: „... verpflichten sich
im Gegenzug Endesunterfertigte als Bevollmächtigte
der Stadt St. Pölten und des gesamten Landes Niederösterreich, dem Satan, auch Satanas, Beelzebub, Ba'al,
Iblis, Ahriman oder Knecht Ruprecht genannt, Licht-
träger, Besitzer der Hölle, Herr der Fliegen, infernali-
scher Regierungschef etc. usw., nicht weniger zu über-
lassen als *die Seelen der ersten 1000 Menschen, gleich ob*
männlich, weiblich oder divers, welche ins zu erbauende
neue Stadtviertel einziehen werden, sowie sämtliche
Nutzungs- und Verwertungsrechte, einschließlich des
Rechtes, diese Seelen nach eigenem Ermessen verkaufen, verschenken, verspielen, verleihen oder verjankern
zu dürfen. Willi Gruber / Siegfried Ludwig; St. Pölten,
den 13. September des Jahres – ...“

Was machten da Bürgermeister und Landeshauptmann für Gesichter! Wild schwenkte der Teufel sein
Papier: Diesmal, keckerte er, habe er die St. Pöltner
an den Eiern, diesmal gebe es kein Entkommen! Hier
bleibe er nun so lange stehen, bis sie, Bürgermeister
und Landeshauptmann, ihm das Grundbuch herbeige-
schafft hätten oder alternativ eine Liste jener eintausend
bedauernswerten Seelen, die ihren Einzug ins Regierungsviertel mit einem späteren Umzug ins Höllenreich
büßen müssten! Genau tausend, speichelte er, da lasse
er kein Jota nach – eins-null-null-null dumme, prestige-

60

süchtige St. Pöltner, die ihre Gier nach einer Wohnung am Landhausboulevard schon noch bereuen würden, wenn sie dereinst die noble Adresse mit den kochenden Kesseln der Verdammnis vertauschen müssten ...

Es war der Landeshauptmann, der sich ein Herz fasste. Entschlossen trat er an den Teufel heran und legte ihm die Hand auf die Schulter. „Bedauerlich, lieber Freund, bedauerlich", unterbrach er melodisch dessen Redefluss. „Aber hier, im neuen Landhausviertel, wird überhaupt niemand einziehen. Das hier wird eine reine Arbeits- und Bürostadt."

„Wie bitte?" Der Teufel verschluckte sich.

„Ja glaubst du denn, im Museum übernachtet jemand?", dröhnte der Landeshauptmann. „Oder jemand schläft im Festspielhaus? Ja – während der Vorführung! Aber nachher sind die Leute froh, wenn sie heimkommen ..."

„Heimkommen?", krächzte der Böse. „Keine – Mieter? Keine Einwohner?"

„Nicht einmal ein Feldbett in der Portierskoje", bekräftigte der Dröhner.

Da verfiel der Teufel in Raserei. „Betrogen! Geprollt!", kreischte er und begann, sich die drei goldenen Haare zu raufen. „All die Arbeit, all die Plackerei – umsonst! Angeschmiert, davongejagt – ohne Lohn, ohne die allerkleinste Gegenleistung ..." Das, mengte sich nun der Bürgermeister beschwichtigend ein, sei ja nun keineswegs gesagt; die Ehrenbürgerschaft von St. Pölten zum Beispiel, die könne er dem Teufel gleich hier in die

Hand versprechen angesichts seiner unbestreitbaren stadtplanerischen Verdienste, und vielleicht auch die Jakob-Prandtauer-Medaille – oder wie wäre es mit einer Städtepartnerschaft zwischen St. Pölten und der Hölle? Schließlich hätten die beiden viel gemeinsam, Synergien ließen sich nutzen, etwa was die Herstellung von schwefeligem Gestank betreffe ...

Aber da jaulte der Teufel wütend auf, zerfetzte den Vertrag in eintausend Stücke, sprang auf die obersten Spitze des Klangturms, und unter schauerlichem Geklingel und Gedongel rutschte er quer durch alle Stockwerke hinab in sein finsteres Höllenreich, fünfzehn Meter unter der Tiefgarage.

Darum soll sich heute niemand grämen, wenn die Neider spotten, Niederösterreichs Regierungsviertel sei seelenlos. Denn Gott sei Dank ist es das! Den Seelen, die hier *nicht* sind, ist viel erspart geblieben!

* * *

Der Sprung von St. *Pölten.*

Sicher, liebe Sagenforscherin, lieber Sagenforscher, hast du schon einmal gehört, was man unter einer Sprungsage versteht: die legendenhafte Darstellung eines wagemutigen Sprunges aus großer Höhe, dessen Wundercharakter darin liegt, dass er nicht tödlich ist, ja meist sogar ohne Verletzung vonstatten geht.

Stell dir etwa vor, du bist Gefangene im „Rosengärtlein", jenem Wind und Wetter ausgesetzten Freiluft- und Felsenkerker vor Burg Aggstein! Du könntest, wolltest du nicht Hungers sterben, nur durch einen Sprung entkommen. Nicht durch einen gewöhnlichen natürlich (den der Burgherr Hadmar von Kuenring in seine Folterpläne schon listig einberechnet hat), aber durch einen Sprungsagensprung, welcher dich wundermild hinunterträgt und sanft absetzt in den tieferliegenden Baumkronen. Da schaut er dann, der Hadmar, wie die Kue, wenn's blitzt.

Oder was tust du, wenn dir ein Drache, eine Räuberbande, das seldschukische Heer ans Leben will und dich hochjagt einen steilen Turm oder Berggipfel? Du springst! Hoch hinaus geht es dann, in Form einer Parabel, und wieder hinab ins sichere Tal über eine unsichtbare göttliche Rolltreppe. Der physikalische Grund dafür ist die Himmelsmechanik, eine erhöhte Newton-Reibung im Zusammenspiel mit gottgewollter Spontanverbremsung, aber das kann ich dir jetzt nicht im Detail so schnell erklären.

Auch St. Pölten ist Wirkungsort einer solchen Sprungsage. Und zwar genau genommen der (ei, jetzt muss ich improvisieren) uns allen wohlbekannte, sehr hohe, schwindelauslösende, ohne jeden Zweifel in höchstem Maße sprungsagengeeignete (na?) Klangturm, auf den (aber Moment, der steht ja noch gar nicht so lange) natürlich noch nie jemand hinaufgejagt wurde und also auch noch niemand je heruntersprang (ein Glück!), weshalb wir zurückgreifen müssen auf den viel älteren, viel mythischeren Gipfelort des (na??) Kalvarienberges (na gut), auch Bauernschanze genannt, im heutigen Kaiserwald, auf welchem vor ellenlanger Zeit einmal ein Mann oder vielmehr Burgfräulein oder, um es ganz präzis zu sagen, ein geängstigter und erschöpfter – Müllersknappe auf der Flucht vor den ihn hetzenden (tatarischen?) tatarischen Reiterscharen keinen anderen Ausweg wusste, als betend und mit geschlossenen Augen zu – – springen.

Und Gott gab ihm den Gnadenschubs.

Gleich fühlte der Knappe den Atem der Verfolger in seinem Nacken schwächer werden. Schon gellten ihm die wilden Schreie der tatarischen Pferde leiser. Er fühlte den heftigen Druck des Fallwindes, spürte seine Kleider am Leibe schlackern, riss die Augen auf und bemerkte, dass er – flog. Und spöttisch drehte er sich um und zeigte den Tataren seinen erhobenen kleinen Finger. (Die Beleidigungskraft des Mittelfingers war zu jener Zeit noch unbekannt.)

Solche Hoffart aber missfiel Gott sehr. Verärgert über den angeberischen Müllersknappen, ließ er die Tataren ebenfalls springen. So setzten die Reiterhorden jetzt dem armen Burschen auf luftigen Hufen nach! Gott lachte, als er das dumme Gesicht des Knappen sah. Bis ihm aber dämmerte, dass er sich hier in ein Dilemma manövriert hatte – denn wem sollte er jetzt den Vorzug geben, dem frommen Knaben oder seinen Verfolgern? Der eine war ohne Frage sehr gläubig, ein Musterbeispiel an Gottesfurcht und Gottvertrauen. Die Tataren andererseits waren eine Hundertschaft, und was ihnen an Bibelkenntnis und Detailwissen fehlte, machten sie durch Fanatismus und Opferbereitschaft wett. Knifflig! Es hätte schon eines Ferdinand von Schirach bedurft, um sich aus dieser moralischen Zwangslage herauszuwinden. Aber Gott, der schließlich auch Schirach eines Tages erschaffen würde, fand schließlich doch eine Lösung. Und zwar beschloss er in seiner Allwissenheit,

einfach einen Sprung über die Lücke in dieser Sage zu wagen.

Und weil er halt Gott war und seine eigene Gnade zur Abwechslung einmal für sich selbst nutzte, glückte es, und die Tataren waren am Ende ebenso zufrieden wie der junge St. Pöltner Müllersbursch; und Gott selbst natürlich auch.

Gut gemacht, Gott!

* * *

Als der Teufel gegen den Bischof beim Schnapsen verlor.

I.

In den Neunzigerjahren des zwanzigsten Jahrhunderts hatte der Teufel die Nase voll von den Menschen. Der Kommunismus war dort oben gerade zusammengebrochen, das „Reich des Bösen" (wie hatte sich Meister Luzifer immer über dieses dumme Zitat des US-Präsidenten Reagan geärgert!); die Freuden des Kapitalismus machten die Erdbewohner stumpf und unempfänglich für die altmodischen Verlockungen des Teufels, und immer weniger Menschen glaubten überhaupt an ihn. Also nahm er eines Tages seinen Hammer, vernagelte das Tor zur Menschenwelt mit großen, schwungvollen Schlägen und ging in Pension.

Aber das Nichtstun wurde ihm bald langweilig. Denn der Teufel schläft nicht. So beschloss er, sich ein Hobby zu suchen. Und er verfiel auf die Idee, seine Kenntnisse in der Architektur und Baukunst weiterzuentwickeln. Wie oft hatte er nicht oben auf der Erde einen Dom aufgestellt, eine Brücke über einen Fluss geschlagen – und was hatte es ihm bisher eingebracht, außer ein paar Hühner- und Pudelseelen? Nichts! Die Menschen spazierten frech über seine Brücken, beteten fröhlich in seinen Kirchen, und er saß hier unten unbedankt in seinem Höllenloch. Aber das sollte sich jetzt ändern! Schluss mit dem Altruismus! Endlich einmal wollte er sich etwas gönnen. Den größten, schönsten und prachtvollsten Palast wollte er errichten, den die Hölle je gesehen hatte – nur für sich allein!

Gleich am nächsten Morgen fing er an, hitzebeständiges Baumaterial herbeizuschleppen. An einer besonders lauschigen Stelle hob er eine Künette aus, und zwischendurch rührte er Zement. Doch schon nach kurzer Frist wurde ihm schwummrig, und er musste sich an einer Gerüststange festhalten. Denn, glaub es oder nicht, des Teufels Teufelskräfte wirken nur auf Erden – bei sich daheim, in der Unterwelt, ist er auf sein Muskelschmalz angewiesen wie jeder andere Bauarbeiter auch. „Ich brauche jemanden, der mir hilft", dachte er benommen. „Am besten jemanden, der etwas von dieser Kunst versteht!" Gesagt, getan. Gleich holte er seine beiden Lieblingsarchitekten aus dem Fegefeuer, Albert Speer und Friedensreich Hundertwasser, und befahl ihnen, einen Palast zu errichten, schöner und prachtvoller als alles, was sie je auf Erden geschaffen hätten. „Gut, dass mir das eingefallen ist!", sprach der Teufel zufrieden, schüttelte sich den Schweiß aus dem Fell und ging duschen.

Doch als er zurückkam, in einen Bademantel gehüllt und ein Handtuch um die Hörner, waren die beiden Baumeister in einen schlimmen Streit geraten. Dicke Schnörkel formte der eigensinnige Hundertwasser, während Speer radikal rechte Winkel zog, und zwi-

schen den Arbeitsstellen flogen nicht nur Schmähworte und Drohungen hin und her, sondern auch Zementpatzen und Backsteine. „Halt, halt", schrie der Teufel, als er das sah: „Zusammenarbeiten sollt ihr, ihr Narren, nicht gegeneinander!" Flugs beorderte er Le Corbusier, Brunelleschi, Margarete Schütte-Lihotzky und Gutzon Borglum herbei, um mit der Arbeit weiterzukommen, und weil er sich dachte „Doppelt hält besser!", zog er auch noch Gaudí, Imhotep und Mies van der Rohe hinzu (welchen Letzteren er überhaupt nur seines vielversprechenden Namens wegen damals zu sich geholt hatte). Aber, o weh: Nun stritten nicht zwei Genies darum, wie der Palast anzulegen sei, sondern neun! Furchtsam stand der Teufel vor dem immer wilder, immer ärger ausartenden Geschrei und Gebrüll, sah, wie die Winkelmaße flogen und eben erbaute Mauern wieder eingerissen wurden, und er kam einfach nicht darauf, was er falsch gemacht hatte. Denn er kannte zwar alle möglichen Sprichwörter, die ihn selbst zum Gegenstand hatten – dass er immer auf den größten Haufen defäkiere, in der Not Fliegen fresse, sich gerne im Detail verstecke und so fort –; den Sinnspruch vom Brei und den vielen Köchen aber hatte er nie gehört.

Was blieb ihm anderes als die Flucht?

Mit seinem Huf, der gut als Nageleisen funktionierte – ein Werkzeug, das in der Umgangssprache sinnig als „Ziegenfuß" oder „Goaßhaxn" bekannt ist –, sprengte er die Nägel aus der Tür zur Oberwelt, stieß sie auf und rannte, die Hände an die Ohren gepresst, so lange hinauf, bis er die berserkernden Architekten nicht mehr hören konnte.

II.

Er fand sich wieder in einer kleinen, verschlafenen Stadt. „Welch angenehme Ruhe", dachte er und nahm die Hände von den Ohren. „Wenn ich nur wüsste, wo ich bin? Irgendwie kommt mir die Gegend bekannt vor. Ist hier nicht früher eine Stadtmauer gestanden? Dort, an ihrem Rand, war eine Waffenfabrik – oder ist es eine Kattunfabrik gewesen?" An den Dom, immerhin, erinnerte er sich, den hatte er ja mitgebaut; und als er nähertrat, erkannte er auch schmerzlich seine Handschrift wieder: die barocke Fassade, den spätromanischen Kern, die Laternen am Seitenschiff. Eine Träne troff ihm vom Auge und verglühte zischend auf dem Asphalt.

Da hörte er neben sich ein leises Räuspern. Ein dicker kleiner Mann war herangetreten, gekleidet in eine schwarze Soutane. Sein rundes, faltenloses Gesicht wirkte behäbig, aber irgendwie auch schlau, mit hellen, wachen Augen und langen Wimpern. In seinem Blick flackerte der Eifer; in seinen feisten Mundwinkeln aber saß der Spott. „Habe die Ehre", summte der Fremde melodiös und zog sein lilafarbenes Käppchen. „Wie ich sehe, bewundert Ihr unseren Dom?"

Der Teufel wischte sich die Tränen ab. „Ja, ein herrliches Bauwerk", murmelte er. „Höchste Qualität. Die Barockfassade ... der spätromanische Kern ... die Altarbilder, die aussehen wie von Daniel Gran höchstpersönlich ..."

„Ihr seid ja ein Kenner", schmeichelte der Dicke. „Euer Wissen über unseren bescheidenen Dom scheint sehr groß zu sein! Wollt Ihr nicht vielleicht darum spielen? Mein Haus gegen Eures ..." In seiner drallen Hand glänzten zwei Würfel. Der Teufel blähte die Nüstern, als er das sah. Schon zuckten seine Finger nach den beiden Gepunkteten. Zu gern hätte er den schönen Dom unten bei sich in der Hölle gehabt! Doch widerstand er der Versuchung, als er das erwartungsvolle, gierige Gesicht des Pfaffen sah. „*Vade retro, episcope!*", zischte er und zog seine Hand zurück. „Mit euch Erdleuten lasse ich mich auf kein Spiel mehr ein. Zu oft habe ich verloren!"

„Wie Ihr wollt", psalmodierte der Runde und versenkte die Würfel im Ärmel. Stattdessen knatterten plötzlich Schnapskarten in seinen Händen. „Nicht jeder liebt ja das Würfelspiel. Vielleicht sind Euch diese Blätter sympathischer?" Aber der Teufel scharrte nur unwirsch mit dem Huf. „Sympathisch? Ich habe das Teufelszeug erfunden! Wie alles andere, wodurch man spielerisch Haus und Hof verliert: Roulette, den einarmigen Banditen, Schere-Stein-Papier ..."

„Bedauerlich", sprach der Beleibte und steckte die Karten fort. „Dabei hätte ich Euch gerne etwas Gutes getan. Denn Ihr seht so bedürftig aus, guter Freund. Kommt wenigstens mit ins bischöfliche Ordinariat, mein Lieber, und lasst Euch laben und tränken, bevor Ihr weiterzieht!"

Das ließ sich der Teufel nicht zweimal sagen. Denn er war tatsächlich müde und hungrig. Solange ich keine Würfel oder Karten anrühre, dachte er, kann mir auch nichts passieren! Und so saß er bald an einer damastbedeckten Tafel im schummrigen Licht einer Öllampe, dem geheimnisvollen Gottesmann gegenüber, der mit einem einzigen Fingerschnipp eine gewaltige Schlachtplatte auffahren ließ: Schinken, Speck, Blutwurst und Sulz, daneben kalter Schweins- und Hammelbraten, ein großes Bauernbrot, ein Kübel Sauerkraut und eine Schale mit gerissenem Kren. „Lasst es Euch schmecken", wünschte der Voluminöse und segnete linkisch die Mahlzeit, während er mit der rechten Hand nach einer Speckseite griff. Und obwohl der Teufel der Teufel war, musste er sich sehr zusammennehmen, um mit dem Esstempo des Geistlichen mithalten zu können. Fleißig wurde ihnen nachgelegt, immer wieder schaufelten die Bediensteten, kleine dicke Ministranten, neue Brocken auf die Teller, beständig wurde frischer Wein nachgegossen, und als es dem Satan schon flimmerte vor den Augen und auch der Alkohol ihm in die Hörner stieg, dachte er bei sich: Zum Teufel, wenn ich der Mächtigste unter der Erde bin, dann ist dieser Kerl sicher einer der Mächtigsten *auf* der Erde!

Dies alles, muss man hinzufügen, wäre sicher nicht geschehen, hätte man das Mahl – und vor allem den Wein! – in der Hölle serviert. Aber hier oben, in dieser ungewohnten Luft, vertrug der Satan einfach viel weniger. Und so lachte und sang er bald ausgelassen Trinklieder mit dem Bischof, die Bissen fielen ihm beim Kauen aus dem Mund, und er wurde immer besoffener. „Kostet noch dies", jodelte der Breite, „kostet noch das! Und nehmt noch einen Likör dazu!" Grölend griff der Teufel nach einem fettschimmernden Stück Kuchen, schüttete mit links den Likör in seinen Höllenschlund und hörte nur mit halbem Ohr zu, als der Bischof meinte: „Und jetzt, guter Freund, da die Stimmung aufgelockert ist, wollen wir unser Spielchen wagen. Euer Höllenreich gegen meinen Dom." Nur mit halbem Auge sah der Teufel, wie ihm Schnapskarten zugeteilt wurden, und mit halbem Kopf nickte er, während er die Karten aufsammelte – drei oder sechs oder zwölf, das war nicht so genau auszumachen, weil sie ihm immer wieder aus den Fingern rutschten. „Herz – Atout!", orgelte der Geistliche, und obwohl der Satan sich dunkel an die Spielregeln erinnerte, die er sich Anfang des achtzehnten Jahrhunderts ausgedacht hatte, so wusste er ums Verrecken nicht mehr, ob es nun 6 Punkte zu machen galt, 66 oder 666. Kein Wunder, dass er nicht genau verfolgte, was der Bischof mit Kreide auf das Schneidbrett schrieb – er konnte sich ja kaum auf dem Sessel halten! So merkte er auch nicht, dass „zugedreht" wurde, blätterte, als er dran war, wahllos ein paar Buben auf den Tisch („Bubendummheiten!", lachte der Kirchenmann), und innerhalb von zehn Minuten saß er als Verlierer da. „Gewonnen! Gewonnen!", rief der Bischof und klatschte entzückt in die Händchen. „Prost, Herr Teufel! Prost! Ein Hoch auf den guten Verlierer..."

Das Letzte, woran sich der Herr der Unterwelt erinnerte, war, dass er folgsam sein Glas hob, um mit seinem Gegner anzustoßen – und dann: Höllenschwärze.

III.

Er erwachte mit einem hämmernden, dröhnenden Schädel, in dem eine Melodie waberte, die ungefähr so klang wie „Kauf dir einen bunten Luftballon" von Alda Noni. Langsam setzte er sich auf. Wo war er? Im bischöflichen Ordinariat jedenfalls nicht mehr. Ein Schluck Wasserstoffsulfid hätte seiner pappigen Zunge jetzt gutgetan. Der Teufel rieb seine Augen, blickte sich um und merkte erst ganz allmählich, dass er sich wieder in der Hölle befand. Da stand sein halbfertiger Palast, verlassen von den streitenden Architekten; dort hinten flackerte das Fegefeuer auf halber Flamme, und daneben stand sein Thron. Auf dem Thron aber saß der dicke Geistliche, die Hörnerkrone auf dem Kopf, und trommelte grimmig auf die Armlehne.

„*Satana emerite!*", rief er, als er den wieder erwachten Teufel sah. „Was ist das für eine Hölle? Ein hässlicher, unfertiger Palast, ein unbequemer Thron! Ich dachte, du wärst mächtiger? Ein Würstel wie dich habe ich all die Jahre bekämpft?"

Du hast noch ganz andere Würstel bekämpft, dachte der Teufel brummköpfig und humpelte auf den Bischof zu.

„Und über wen herrscht man hier eigentlich? Ich habe mich umgesehen, weil ich diejenigen ein wenig zwicken wollte, die gerechterweise zur Hölle gefahren sind! Wo sind all die Schwulen? Wo sind die Heiden? Die Ungetauften? Stattdessen habe ich einen alten Freund getroffen, einen Kardinal, der gewiss nur wegen einer bürokratischen Verwechslung hier gelandet ist ...“

Der Teufel musste grinsen.

„Was lachst du?“, fuhr der Bischof erbost auf. „Weißt du überhaupt, wie lange du geschlafen hast? Seit zwei Tagen hungere ich! Nicht einmal zu essen hat man als Höllenfürst!“

„Oh“, sagte der Böse bedächtig und las einige Steinchen auf, die am Wege lagen. „Dann hast du nicht genau hingesehen. Die höllischen Bäume sind schon verblüht, das ist wahr – aber hier liegen überall noch ihre Früchte herum. Bitte, nimm eine Handvoll Nüsse, fürs Erste!“

Herrisch streckte der Dicke seine Hand aus und stopfte die Steine in den Mund. Es krachte fürchterlich, als er zubiss. „Auweh!“, schrie der Bischof, „dieses Höllenobst ist nichts für mich! Hast du nichts anderes?“

Aber der Teufel lächelte nur. „Ja ja“, sagte er, „wer ein rechter Höllenherrscher sein will, der braucht nicht nur Hörner, sondern auch scharfe Zähne. Nicht solche stumpfen, vom jahrzehntelangen Schlemmen abgenutzten Stummelchen, wie du sie hast! Aber warte, ich will dir helfen, dass du die infernalische Kost verträgst.“ Und damit zog er den zeternden Kirchenmann vom Thron und führte ihn an einen Schraubstock. „Hier klemmen wir deinen Kopf fest. Dann werde ich dein Gebiss so zurechtschleifen, dass du die dickste Nuss aufknacken kannst!" Und wiederum krachte es schrecklich: diesmal, als der Schädel des Bischofs in den Schraubstock gequetscht wurde. „Lass los!", kreischte der Gemarterte. „Mach locker! Du drückst mir ja das Gehirn aus den Ohren!"

„So!", brüllte der Teufel jetzt mit Schrecklichkeit, „habe ich dich endlich in meiner Gewalt, du Barockengel, du reaktionärer? Dir werde ich es zeigen! Ist das eine Art, Leuten ihr Heim abzulisten? Nur, weil du den armen Seelen nicht einmal in der Hölle ihre Ruhe gönnst? Du kommst mir nicht früher los, als bis du mir geschworen hast, dich nie wieder hier blicken zu lassen – so lange du lebst!" Da begann der Bischof ganz gräulich und lasterhaft zu schimpfen, sprach von „Vertragstreue" und „rechtlichen Konsequenzen", und erst nach einer ganz ordentlichen Weile wurde er leiser und knurrte schließlich, dass er seinetwegen nachgebe und der Teufel seine Hölle behalten könne – ihm habe es hier ohnehin nicht gefallen.

Da lächelte der Teufel wieder. „Gut", sprach er und öffnete den Schraubstock. „Dann geh. Du bist frei." Als er aber den zerbeulten, schnaufenden Gottesmann vor sich stehen sah, befiel ihn Respekt, und er reichte seinem Feinde die Hand: „Dem Teufel die Hölle abzujagen: das macht dir so rasch keiner nach! Ich gratuliere dir. Wir sind doch zwei vom gleichen Schlag. Und damit du nicht ganz umsonst deinen Höllenfahrt angetreten hast", er schnippte mit den Fingern, „schenke ich dir zum Abschied noch eine besonders schnelle Internetverbindung für dein Priesterseminar. Arrivederci!"

* * *

Der zwangsläufige *Bildstock bei Spratzern.*

In einem dieser schrecklichen Türckenkriege, 1683 war es, wurden die osmanischen Heere von den kaiserlichen Truppen südlich vor St. Pölten zurückgeschlagen. Es war aber damals, im heißen August des Jahres, ein armer Tischlerbub gerade unterwegs, einen Hocker auszuliefern, als er auf freiem Feld die herandräuenden östlichen Horden bemerkte. Himmel hilf!, dachte er, da er die prächtigen Gewänder und die stolzen Pferde erkannte, und er warf seinen Hocker fort und gab Fersengeld.

Da hatten ihn die berittenen Türcken schon erspäht und setzten ihm nach. Wenn doch nur, dachte der Knabe ängstlich, eine Lichtsäule oder ein Bildstock

hier irgendwo stünde, worin ich mich verstecken kann!
– Es wäre wirklich höchste Zeit, dachte er gleich darauf, allerhöchste Zeit für einen Bildstock. Denn sonst
schnappen sie mich! – Immer noch kein Bildstock,
überlegte er weiter. Man sollte dieser Gegend unbedingt einen stiften. Und dann wieder: Wenn nur schnell
einer auftaucht! Notfalls stifte ich selbst einen. – Wenn
ich aber, dachte er, da sein Atem kürzer wurde, seine
Schritte mühseliger und die feindlichen Reiter bereits
nach ihm griffen, wirklich keinen rettenden Bildstock
mehr finde? Und auch keine Lichtsäule? Dann kann ich
auch keine mehr stiften, weil mich dann die Türcken er-
wischen. – Und wenn er aber andererseits doch noch
auftaucht, im letzten Moment, der Bildstock? Dann
brauche ich ihn nicht mehr zu stiften. Einmal *kann* ich
nicht, einmal *muss* ich nicht; ich erspare mir also in
jedem Fall die Stiftungskosten, frohlockte der Jüngling;
und das war der Moment, in dem ihn der Vorreiter der
Osmanen am Schlafittchen packte und aufs Pferd zog.

Jahre später kam ein schöner, großgewachsener
Mann langsam auf dieses Feld südlich vor St. Pölten
geritten. Er trug einen bauschigen Schnurrbart, einen
langen Umhang und eine Art Stanitzel aus weißem Filz;
das eine unter der Nase, das andere um die Schultern,
das Dritte auf dem Kopf. Dieser Mann war der Hono-
rarkonsul der Hohen Pforte. Es war aber zugleich kein
anderer als der Spratzerner Tischlerknabe! Ihn hatten
die Türcken damals nicht getötet, als sie ihn fingen,
sondern nach ihrer bitteren Niederlage mitgenommen

in ihre Heimat, zwangsbekehrt und zum Janitscharen-
buben ausgebildet, und als solcher hatte er im Sultans-
reich schnell Karriere gemacht. Hier also bin ich damals geflohen, dachte er und hieß sein Pferd vor einem
zerbrochenen braunen Hocker stehen bleiben. Gut, dass
ich keinen Bildstock und keine Lichtsäule vorgefunden
habe! Was, wenn ich mich dort versteckt hätte? Ich
wäre jetzt vielleicht Tischlergeselle und würde Nacht-
kästen blau anstreichen. Keinen Hengst hätte ich, keinen prunkvollen Umhang! Ich wäre nicht der wohl-
berühmte Janitscharen-Agha, und Seine Majestät, der
Beherrscher der Gläubigen, würde nicht jeden Sonntag
Mikado mit mir spielen.

Während er so sann, sah er einen jungen Knaben
übers Feld gehen, der ein hölzernes Tischlein schleppte,
und seine Miene verfinsterte sich. Vornehm wandte er
sein Pferd und ritt zurück ins Konsulat. Noch zur selben Stunde stiftete der einstmalige Tischlerbub dieser
Gegend endlich einen Bildstock. Denn er konnte den
Gedanken nicht ertragen, dass sich bald vielleicht auch
andere Tischlerbuben von den Osmanen fangen ließen,
in die Türckei verschleppt wurden und ihm dann bei
Hofe Konkurrenz machten – jetzt, wo der Sultan so
einen Narren an ihm gefressen hatte. Und so kam es,
dass bald ein Bildstock auf dem weiten Feld südlich
vor St. Pölten aufgepflanzt wurde, den es nicht gegeben hätte, wenn es ihn vorher schon gegeben hätte. Es
hätte ihn also auf jeden Fall gegeben, und deshalb nennt
ihn auch die örtliche Bevölkerung den „zwangsläufigen

Bildstock". Wer in dieser Gegend von fremden Heeren gejagt wird, wird ihn früher oder später bestimmt entdecken.

* * *

Die verwehte Tuchent.

Rudolf und Therese – so hieß ein junges, frisch verheiratetes Paar aus St. Pölten, das sich herzlich liebhatte. Eines Abends standen die beiden Eheleute auf dem Balkon, um vor dem Schlafengehen noch etwas Luft zu schnappen. Der Wind war lebhaft, und Therese schüttelte ihre Tuchent aus. Da fuhr ein heftiger Windstoß in das Bettzeug, riss es ihr mit einem Ruck aus der Hand und nahm es mit sich. Lange sahen es die beiden über den Wipfeln tanzen, dann verlor es sich in der Ferne.

Therese war tief traurig. Ihr Mann versuchte, sie zu trösten, aber sie grämte sich zu sehr. Hatte sie doch die Tuchent gerade erst ausgeschüttelt, frisch und kosig war sie gewesen, und dann dieses Unglück! Lange kam sie nicht hinweg über diesen Verlust, aus Trotz schlief sie den ganzen Winter unbedeckt und schnatterte vor

Kälte. Rudolf neben ihr ballte die Faust im Dunkel und schwor sich, seiner jungen Frau dereinst ein ganzes Bettwarengeschäft zu Füßen zu legen. Daunen, Matratzen, Plumeaus, Kissen – alles, was ein verwöhnter Rücken begehrte!

Kurz nach Neujahr begab sich Rudolf auf die Jagd. Lange war er im Wald rund um St. Pölten umhergeritten, und immer noch ohne Beute, als es zu dunkeln begann und er beschloss, heimzukehren. Mutlos trabte er mit seinem schneeweißen Rappen dem Rathausplatz zu. Da erschaute er einen herrlichen Hirsch in der Mitte des Platzes, über dessen Geweih drei grüne Gänse kreisten. Ohne Scheu blickte das Tier dem Reiter entgegen, und da sie sich eine Weile angesehen hatten, wandte der Hirsch den Kopf und wies mit der Schnauze auf ein Haus. Neugierig folgte Rudolf dem Schnauzenzeig und ritt an das Gebäude heran, von dessen Fassade ihm etwas Weißes entgegenleuchtete. BETTFEDERN & BETTWARENNIEDERLAGE IGNAZ IRLWECK stand darauf geschrieben; über dem IGNAZ aber hing flatternd die vermisste Tuchent.

Kein Riss, kein Fleck war daran zu sehen. Makellos strahlte das Weiß des Stoffes auf dem Firmenschild. Rudolf war schwer ergriffen. Demütig beugte er das Knie (was gar nicht so einfach ist, wenn man auf einem Pferd sitzt), gab dem Hirsch ein gutes Trinkgeld und ging dann hinein zu Ignaz Irlweck, um sein Gelübde zu erfüllen und das Bettwarengeschäft zu kaufen. Es sollte zum Stammhaus seines ruhmreichen Unternehmens werden, das viele Jahre bestehen würde, und man nannte es: den Leiner.

Ähnliches ist dann auch einmal mit einem Verlobungsschleier und einer Spar-Filiale geschehen, aber da war das Wunder schon ein wenig abgenutzt, und wir wollen darum nicht davon erzählen. Nein nein, die obige Sage ist schon die bessere, ja ja.

* * *

Richard Löwenherz *in St. Pölten.*

Hart war das Schicksal des englischen Königs Richard Löwenherz, wenn auch nicht unverdient. Hätte er nicht während des dritten Kreuzzuges im Heiligen Land seinen Waffenbruder, den Babenbergerherzog Leopold, dadurch beleidigt, dass er während einer Eroberung dessen Fahne heruntergerissen und in den (nicht besonders sauberen) Staub getreten hätte; wäre er außerdem, auf seinem Rückweg nach England, nicht ausgerechnet durch die Mark Österreich gezogen, als gäbe es nicht Reiserouten genug, die links und rechts daran vorbeiführen; hätte er nicht schließlich, bevor er im Wiener

Vorort Erdberg einkehrte, einen wertvollen Glitzerring an seinem Finger getragen, der seine Pläne, sich möglichst unköniglich zu geben, auffällig durchkreuzte und durchfunkelte – er wäre nie erkannt und gefangen gesetzt worden.

Einer der Männer, welche Zeugen der Erdberger Festnahme wurden, war der St. Pöltner Julius Pentzl. Der stellte sein Bier weg, als er sah, wie man Richard Löwenherz in Ketten schmiedete, und dachte bei sich: Wie dumm kann man sein! Entweder *nicht* die Fahne des guten alten Leopold herunterreißen oder *nicht* den Heimweg durch Österreich wählen; oder wenigstens *nicht* in einer hauptstadtnahen Schenke einkehren! Oder aber, wenn man's denn ums Verrecken nicht lassen kann, wenigstens *nicht* so einen protzigen Brüller am Finger tragen! Und wenn sich schon ein König so kreuzdumm anstellt, wie dumm bin dann erst ich, der Pentzl Julius, dass ich ihn nicht erkannt habe? Gerade noch habe ich ihm zugeprostet, ganz arglos; *cheers* hat er gesagt, *cheerio, old pal, here's to those who wish us well, all the rest can go to hell* – da hätte mir schon etwas dämmern können –, den vermaledeiten Ring habe ich auch blitzen sehen und mir nichts dabei gedacht – den löwenhaften Bart –, und dann die Krone, du lieber Himmel, die der Schwachkopf vergessen hat abzunehmen! Dummer Pentzl, dummer! Als Einziger hast du nicht durchschaut, wer in der Maskerade steckt! Aber warte nur, König Richard, das sollst du mir büßen. Und er packte grimmig seine Siebensachen, als er hörte, dass Löwenherz nach Dürnstein ge-

schafft werden sollte; denn bei diesem Gefangenenzug wollte er unbedingt dabeisein.

Damals dauerte solch eine Reise etwa vier oder fünf Tage. Die fest verschlossene, gemächlich rollende Kutsche des Königs wurde vorne und hinten von Rittersleuten beschirmt, ein Kurier sprengte voraus, und hinten, auf seinem Pony, saß der grimmige St. Pöltner Pentzl. „Warte nur, Richard!", drohte er in Gedanken immer wieder und schüttelte die Faust gegen die Kutsche, „warte nur! Dir werde ich's heimzahlen, dass du mich dumm hast aussehen lassen!"

Am Ende des zweiten Tages schon erreichte der Zug St. Pölten. Hier wurde zum ersten Mal eine längere Pause eingelegt, die Pferde wurden aufgetankt, und Richard Löwenherz durfte unter strengster Bewachung im Gasthof Zum Goldenen Löwen (!) sein Abendmahl einnehmen. Pentzl, der den alten Löwenwirten am Linzertor gut kannte, stellte rasch sein Pony unter und beeilte sich, zum König in die Gaststube zu gelangen.

Still und traurig saß Löwenherz vor seinem Mahl. Er war allein, denn seine Bewacher hatten draußen vor der Tür Aufstellung genommen. Pentzl nahm am gegenüberliegenden Tisch seinen Platz, bestellte Wein und Suppe und drehte sich so, dass er den König gut im Blick hatte. „Herr Wirt!", winkte er gleich darauf, als hätte er ein Geheimnis mitzuteilen, dem vorübereilenden Hausherrn, und machte ein konspiratives Gesicht. „Sagt, Herr Wirt, kommt Euch dieser traurige Kerl dort drüben nicht irgendwie verdächtig vor?" – „Halt's Maul, Julius", antwortete der Wirt. „Das ist ein nobler Mann, der hat mir vorhin ein ganzes Goldstück Trinkgeld gegeben!" – „So, so", sagte der Pentzl und rieb sich die Hände. „Ein ganzes Goldstück! Aber scheint Euch der Fremde nicht trotzdem irgendwie – zwielichtig? Irgendwie – ausländisch?" – „Wenn du Streit suchst, dann friss deine Suppe woanders, alter Rassist", rief da der Wirt grob und nahm dem Pentzl seinen Teller wieder weg. Erschrocken griff Pentzl nach seinem Weinglas, dass ihm wenigstens dieses bleibe, hielt es fest umschlossen und trank hastig einige große Schlucke daraus.

Als er sein Glas wieder absetzte, hatte am Stammtisch eine Runde Kartenspieler Platz genommen. Auf ein Neues, dachte der Pentzl. Und sagte laut: „Schau, schau! Was mag das wohl für ein feiner Herr dort drüben sein, den in ganz St. Pölten noch nie jemand gesehen hat? Ob der überhaupt Deutsch spricht unter seinem langen, dichten Bart? Was für feine weiße Finger er hat! Wie geschaffen für funkelnde Ringe! Mir scheint gar, er kommt geradewegs und direkt aus dem Morgenland...!"

„Schrei nicht so, Pentzl!", grunzte einer der Kartenspieler. „Man versteht ja sein eigenes Trumpfansagen nicht!"

Aber Pentzl ließ nicht locker. „Das muss jemand Hochgestelltes sein!", tönte er. „Schaut, wie er sitzt! Grade so, als ob er das Herrschen und Kronetragen gewohnt sei! Ein Fürst – ein König..."

„Ruhig sollst du sein!", entgegnete wütend der zweite Kartenspieler, und der Dritte warf eine Maggiflasche

nach Pentzl. „Ein König, der sich verstecken will!",
blökte der Pentzl und duckte sich. „Einer, der sich ver-
kleidet hat, damit er nicht auffällt ..."

„Das reicht jetzt", schimpfte der Löwenwirt, der eben
wieder eingetreten war, und entrang Julius Pentzl sein
Weinglas. „Schau, dass du weiterkommst, du Saufaus!"

Aber da sprang der Pentzl auf die Beine. „Jetzt fällt
es mir ein!", rief er schrill und wies mit dem Finger auf
den blass gewordenen Monarchen. „Das ist der König
Richard! Richard Tiger-, na – Löwenherz! Aus England!
Der unserem guten Herzog Leopold die Fahne entris-
sen hat im Heiligen Land! Ja, ich erkenne ihn – ich, der
kleine Julius Pentzl aus St. Pölten, mit meinen Adler-
augen und meinem sagenhaften Gedächtnis ..."

Aber da entstand eine große Unruhe und Uneinigkeit
unter den Gästen. „Herzog *Wer*?" – „Ich dachte, unser
König sitzt in Passau!" – „Der Leopold?" – „Was schleppt
der auch seine Fahne ins Heilige Land, der Blödel!" –
„Wo ist das überhaupt?" – „Und welcher Tiger?" – „Jetzt
hört einmal zu, ihr historischen Nullen, ich erkläre euch
das kurz: Bei der Schlacht von Dürnkraut und Jeden-
spiegel kam es bekanntlich zur Konfrontation zwischen
den Babenbergern und den Pschyrembels, und dabei
hat unser guter Kaiser Dings ..." – „Und das", der Wirt
beugte sich interessiert über den Tisch, „ist also unser
Herzog Leopold?"

„Nein!", rief Julius Pentzl. „Das ist der englische
König! Der heimtückische Richard! Tricky Dick! Das
perfide Albion!"

„Ach!" Das Gesicht des Wirten erhellte sich. „Und da hast du also nichts Besseres zu tun, als Hochkönigliche Gnaden derart unverschämt anzufliegen? Na, also bitte! Da kommt einmal Prominenz nach St. Pölten, und du machst alle rebellisch! Bitte entschuldigen Hoheit, excuse me…" Er verneigte sich vor seinem Gast, der sich zitternd gegen die Wand drückte, und auch die Kartenspieler umringten jetzt den Tisch des Königs und katzbuckelten hündisch: „Eure Royalität… habe die Ehre, Herr König… Welcome in Saint Hippo… Heil Richard!"

Der Tumult aber hatte die Wachen hereingelockt. Mit gezückten Speeren drangen sie in den Gastraum. Der ängstliche Richard Löwenherz, der immer noch nicht ganz verstanden hatte, was da eigentlich vor sich ging, stürzte ihnen entgegen, und unter ihrem Schutz kletterte er rasch in die gepanzerte Kutsche. „Alles Gute, Eure Heiligkeit!", röhrten ihm die Kartenbrüder hinterher. „Mach's gut, König Reinhard! Buona sera! Grüßen Sie die Frau Gattin und die Insel recht vielmals!" Der Löwenwirt schob noch ein Kipferl durch die Gitterstäbe des Kutschfensters, und unter Peitschenknall und heftigem Gerüttel klapperte der Gefangenentransport davon – Richtung Dürnstein.

Jetzt konnten sich die Gäste dem unglücklichen Pentzl widmen. Den packten sie und verpassten ihm eine herbe Abreibung, und der Magistrat steckte ihn wegen tourismusschädigenden Verhaltens, Trunkenheit am Stammtisch und Herabsetzung unbekannter Würdenträger für geraume Zeit in den Kotter.

Dort saß er auch noch, als Richards Hofsänger Blondel nach St. Pölten kam, auf der Suche nach seinem König, und vor dem Gefängnisfenster zu singen begann. Das empfand aber der Julius Pentzl als einen allzu triefenden Hohn und eine geradezu unnötig grausame Ironie der Geschichte, und hatte er damit nicht überaus recht?

* * *

Die Straßenbahn von St. Pölten.

Noch vor ein paar Jahren hast du sie in der Umgebung der alten Glanzstoff-Fabrik überall finden können: Schienenstücke, aus dem Nichts kommend, ins Nichts führend, vorn und hinten verschluckt vom Asphalt der Straße. Das waren die Überreste der St. Pöltner Elektrischen Straßenbahn. Ja, du hast recht gelesen: Auch St. Pölten hatte einmal ein Straßenbahnnetz, so wie Graz, Wien und Prag (Praha).

Mittlerweile sind auch diese letzten Gleis-Inseln aus dem Stadtbild verschwunden. Allein eine alte eingezäunte Remise auf der Herzogenburger Straße zeugt noch von den großen Tagen der St. Pöltner Tram. Von

Unkraut umwachsen, bewacht von einem Baugerüst, schläft sie den ewigen Schlaf stillgelegter Verkehrsbetriebe, und niemand würde denken, dass die drei kläglichen kleinen Schienenstückchen vor ihrem Tor einmal bis ins wilde Harland geführt haben.

Wenn du furchtlos bist und die verrufene Gegend nicht scheust, kannst du manchmal, zur Mitternachtsstunde, ein Ächzen und Seufzen aus der Remise vernehmen. Bleib stehen! Hör genau hin! Du wirst merken, dass die schauerlichen Geräusche aus der tiefsten Tiefe der Erde zu kommen scheinen ...

Als damals, in grauen Vorzeiten, der Betrieb seinen Betrieb einstellen musste, weil auf irgendeinem Schreibtisch eine Stromrechnung nicht bezahlt worden war, schob man die letzten Tramwägen in diese Remise. Viel hatten sie gesehen in all den Jahren, Spratzern und Stattersdorf, Frachtenbahnhöfe, Zwirnfabriken und Papierfabriken. Traurig sagten sie Lebewohl zu diesen Strecken, die sie so oft befahren hatten, und in bitterem Stolz verkrochen sie sich in ihrer Höhle. So lange hatte die Stadt eine Straßenbahn benötigt – und jetzt sollten Busse und Pkw ausreichen? Wo doch St. Pölten wuchs und gedieh? Das wollte ihnen nicht in die Köpfe.

Stumm und gekränkt rosteten sie vor sich hin. Die Remise, die sie deckte, verfiel. Ratten begannen ihr Nagewerk. Draußen vor dem Tor tobte das Leben, Winter und Sommer wechselten einander ab; Bürgermeister kamen und gingen, St. Pölten wurde Hauptstadt. Drinnen tropfte das Kondenswasser vom Plafond, manchmal stürzte ein Ziegel herab. Und langsam, ganz langsam senkte sich der Boden unter den schweren ausrangierten Wägen. Erst nur um wenige Millimeter. Dann mit einem vernehmlichen Krachen. Dann noch schiefer, noch tiefer, noch schräger ... Und allmählich sorgten Witterung und Evolution dafür, dass die alten eisernen Kolosse Stück für Stück im Untergrund versanken. Bis nichts mehr von ihnen zu sehen war.

Hier, in der ewigen Finsternis aber, geschah das Wundersame. Erst nur beflügelt von Meister Schwerkraft, begannen sie zu rollen, wie sie es früher getan hatten. Lange waren sie stillgestanden – plötzlich bewegten sie sich! Denn so waren sie es gewohnt. Ein Wagen folgte dem anderen, einer zog den anderen mit. Ihre alten, quietschigen Räder prägten Schneisen ins weiche Erdreich; verborgene Hohlräume, die es unterhalb der Stadt immer schon gegeben hatte, taten sich auf. Gestein bröckelte, Gänge brachen ein, Wege verzweigten sich, die Wägen kollerten und rutschten; und endlich, nach vielen, vielen Jahren des Tastens und Anrumpelns, fanden die Tramwägen in ihre alte Spur. Nur diesmal unterhalb ihrer Linien, in einem unterirdischen Netz! Noch ohne Passagiere – aber genau nach dem Fahrplan, dem sie so viele Jahre hindurch brav gefolgt waren. Versuch du einmal, einem alten Pferd seine Tricks auszutreiben!

Weil es aber finster ist unter der Erdoberfläche, fahren sie durchgehend, ohne Betriebspause und Nachtruhe, 24 Stunden am Tag. Vom neuerbauten Regierungsviertel

bis hinüber nach Oberradlberg, vom nördlichen Kran-
kenhaus bis hinab nach Ochsenburg und St. Georgen
reicht heute ihr Netz – das Netz der St. Pöltner Unter-
grundbahn. Ja, eine U-Bahn ist es geworden! Blinde
Wägen rasen unerlöst durch die Finsternis und warten
auf den Tag, da sich St. Pölten dieses großen Schatzes
bewusst wird und einen beherzten Durchbruch wagt ...

Dies aber wird erst geschehen durch die nachmals
berühmte städtische Grubenarchäologin Betty Mörsner-
Safelschmidt (2002–2099) – am Samstag, den 28. Juni,
in genau 41 Jahren.

* * *

Von den *Toren.*

Dort, wo heute die Dr.-Karl-Renner-Promenade, die
Julius-Raab-Promenade und die Parkpromenade sich
um die Altstadt schwingen und schmiegen, befanden
sich zu alten Zeiten der Graben und die Stadtmauer. Auf
Letztere waren die Bürger sehr stolz. Und mit Grund:
Ganz fest und hoch und fugendicht hatten sie sie aufgestellt, und als das Werk vollendet war und sie sich die

staubigen Hände an den Knien abwischten, fiel ihnen erst auf, dass sie gar keine Tore eingeplant hatten.

Das war zwar nun eine wirklich sichere Feste, aber so ganz ohne Durchschlupf auch nichts Rechtes. Also brachen sie an einer Stelle im Ostteil eine Öffnung hinein, und dann, damit sich besser lüften ließe, auch eine im Westen. Da beschwerten sich aber die Leute aus dem nördlichen Klosterviertel, sie wollten auch ein Tor zur Welt, und also stieß man im Norden ebenso durch die Mauer, und bevor die Südstädter noch mucken konnten, im Süden, am Ende der Lederergasse, gleichfalls.

Jeder Einwohner nutzte nun weidlich das Tor, das ihm am nächsten lag, spazierte hinein und hinaus und war guter Dinge. Nur mit der Benennung haperte es. Wie, so fragte man sich, sollten die Tore denn eigentlich heißen, damit man sie unterscheiden könnte? Zuerst überlegte man, jedem Tor eine Ziffer zu geben, aber da sowohl Östler als auch Westler wie Nördler und Südler für ihr Tor die Ziffer 1 beanspruchten, herrschte schnell Unfrieden; und als sie sich dann endlich geeinigt hatten, dem Osttor die niedrigste Nummer zuzugestehen, weil im Osten Gottes freundliche Sonne aufgeht, loderte der Streit gleich noch höher über der Frage, ob man nun im oder gegen den Uhrzeigersinn fortzufahren habe. Schließlich waren alle böse aufeinander und jeder nannte sein eigenes Tor das „Einsertor".

So ging das natürlich auch wieder nicht. Weshalb die Stadtverwaltung bald genug hatte und strenge Maßnahmen ergriff: Sie versammelte die Einwohnerschaft unter Waffengewalt auf dem Domplatz, um sie zu zwingen, ihren Streit beizulegen.

„Man sollte die Tore nach den Himmelsrichtungen benennen!", rief einer. „Aber wenn jemand die Himmelsrichtungen nicht kennt?", warf ein anderer ein. „Lasst uns auf unserem Kirchturm neben der großen Uhr auch einen Kompass anbringen!", schlug ein Dritter vor. Na, und so weiter; bis sie endlich auf die Idee verfielen, die Tore einfach nach dem zu benennen, was dahinterlag. Damit gaben sich alle einverstanden.

„Hinter unserem Tor, beim Ledererbach, ist die Weide für unsere Schweine", sagten die Südstädter. „Wir wollen also unser Tor das Sautor nennen." Wohlwollendes Raunen war zu hören, und der neue Name wurde offiziell vermerkt. Nun waren die Nordstädter an der Reihe. Doch wollten sie mit ihrem Vorschlag nicht recht herauskommen. Denn zwar schickten auch sie ihre Tiere zum Fressen vor die Stadt, wollten aber ihr Tor nicht „Eselstor" oder „Kuhtor" nennen, weil sie meinten, sie seien etwas Besseres als die Südstädter. Also berieten sie sich und erklärten dann: „Vor unserem Tor liegt Krems. Wir nennen es Kremser Tor." Da ging es wie Ah und Oh durch die Anwesenden, doch es war nicht daran zu rütteln: Vom Nordtor aus gelangte man nach Krems, und mit Fug und Siegel durfte das Tor „Kremser Tor" heißen.

„Hinter unserem Tor", meldeten sich nun keck die Oststädter, „liegt die große und ruhmvolle Reichshauptstadt Wien. Es ist also nur gerecht, wenn unser

Tor von allen das Wiener Tor genannt wird!" Vernehmliches Murren begleitete diese Meldung, besonders von Seiten der Anrainer am Sautor, aber es half nichts. Mit widerstrebender Feder notierte die Stadtverwaltung den Wunsch der Oststädter, die sich schon als Sieger wähnten – jedoch nur bis zu dem Moment, da sich die schlauen Weststädter aus der Reserve wagten. „Durch unser Tor", verkündeten sie, „gelangt man nach Paris, der größten Stadt der Welt. Wir hätten also fraglos das Recht, unsere *porta superior* ‚Pariser Tor' zu nennen, aber weil bald hinter Paris der Atlantische Ozean anfängt, taufen wir unseren Ausgang ‚Tor zum Atlantik'. Mit der Option freilich, dass, sofern dort drüben einmal etwas entdeckt werden sollte, ein neuer Kontinent zum Beispiel, der Name noch einmal überarbeitet wird..."

Aber hier haute die Stadtverwaltung mit dem großen Ratshammer auf den Tisch. „Paris? Ozean? Erst einmal kommt Linz! Eures heißt Linzer Tor!"

Man kann sich ausmalen, welcher Streit jetzt losbrach. Die Weststädter protestierten, dass sie sich ihren Namen als einzige nicht selbst aussuchen dürften; die Nordstädter wollten die Gelegenheit nutzen, ihr Tor jetzt lieber „Skandinavische Passage" zu nennen, während die Südstädter mit ihrem Sautor beharrlich darauf pochten, dass vor dem östlichen Tor die männlichen Rinder Gassi geführt würden, weshalb sie im Sinne der Einheitlichkeit dafür plädierten, diesen Stadtausgang künftig „Hornochsen-Tor"... –

„Linzer Tor, Wiener Tor, Kremser Tor, Sautor!", donnerte die Stadtverwaltung. „Dabei bleibt's!" Und dann wurde zur Strafe eine große Lostrommel aufgestellt, daraus musste jeder der Anwesenden einen Zettel ziehen und wurde nach Zufall in einen der anderen drei Stadtteile umgesiedelt.

Das ist auch der Grund, weshalb du heute zwischen den Bewohnern der Linzerstraße und der Kremser Gasse, der Wiener Straße und der Lederergasse keinen Unterschied mehr bemerkst. Sie haben sich über die Jahrhunderte vermischt, und die Feindseligkeit zwischen ihnen hat aufgehört.

Wäre das nicht aber ein gutes Rezept für die ganze Welt?

Jetzt würdest du gern „ja" sagen, aber du traust dich nicht recht – denn wer weiß, wo du landen würdest!

* * *

Von denen abscheulichen *Würmern.*

Zu Zeiten, als die Menschen noch an Drachen und solch Gezücht glaubten, kam einst über die Donau von Melk und durch den Dunkelsteinerwald ein scheußlicher Tatzelwurm nach St. Pölten gekrochen. Das war ein entsetzliches Vieh von grünschillernder Farbe und bei allen gefürchtet, die ihm über den Weg liefen: dreißig Ellen lang, zwölf Spannen breit und drei Klafter tief (ins Maul rein gemessen). Seinen Rücken zierte ein abscheulicher Schuppenpanzer, der in einem ekelhaft zuckenden Schwanz auslief. Es ging auf widerwärtigen, scharfkralligen Tatzen, die einwärts gedreht waren, und sein triefendes Maul gierte nach Blut.

Schon weit vor dem Weichbild St. Pöltens zog der Tatzelwurm seine Nase kraus und schnoberte und schnüffelte in der Luft. Er roch da die vielen Menschen, nach deren Speck es ihn gelüstete. So flatterte er mit seinen ledrigen, hässlichen Stummelflügeln über die Stadtmauer, setzte sich vor dem Rathaus nieder und wälzte sich dann in all seiner abstoßenden Pracht schauderhaft durch die Gassen. Weil es aber Sonntagnachmittag war, begegnete ihm keine Menschenseele, und so zog er am anderen Ende der Stadt wieder hinaus, stinkend und schimpfend und stockwütend.

Weniger glimpflich verlief es mit dem Lindwurm,

der einige Jahre später St. Pölten bedrohte. Seine Zähne waren noch schärfer als die des Tatzelwurms, sein Rückenpanzer noch schillernder, sein Schwanz noch peitschender. Er hatte einen giftigen Atem und eine dreifach gespaltene Zunge, die ihm beständig aus der gräulichen Schnauze hing – aber anders als der Tatzelwurm besaß er unten keine Tatzen, sondern bewegte sich fort nach Art der Schlangen. Böse Drüsen saßen ihm am Unterbauch, die sonderten beim Krauchen und Schlängeln eine klebrige Schmiere ab. Vom Kopf bis zur Schwanzspitze aber maß er mindestens viereinhalb Zoll, das sind umgerechnet mehr als 11 Zentimeter. Unter Fauchen und Züngeln erklomm er den Turm des Rathauses, setzte sich dort fest und wurde über viele Jahre hindurch gar nicht recht bemerkt, bis er sein Ende fand durch eine mutige Ringeltaube.

Wenige Zeit später aber peinigte die Gemeinde das Aufkommen des teuflischen, glitschigen, sich schändlich ringelnden und rosenfarbenen Regenwurms. Dessen ist die Stadt bis heute nicht Herr geworden. Sie wird geplagt von ihm bis hinauf in unsere Tage in Aber- und Aberzahlen, besonders wenn der Regen gefallen ist, und nur die zunehmende Bodenversiegelung hilft da ein wenig.

Das soll den Menschen lehren, schätze ich, ein bisschen demütiger zu sein.

* * *

Der St. Pöltner *Eulenspiegel.*

Als Till Eulenspiegel, der Narr aus Mölln, alt geworden war, begründete er oben in Deutschland eine Schule, die Eulenspiegel European School für Streichentwicklung und Prank Management. Deren Absolventen fanden überall Arbeit, denn damals waren die Leute dumm und leicht an der Nase herumzuführen. Aber irgendwann war das Maß voll, waren in jeder großdeutschen Stadt schon einmal Eulen und Meerkatzen gebacken worden und hatten von Kiel bis München alle Esel lesen gelernt.

Da verschlug es einen eher durchschnittlichen Absolventen, der für seinen Abschluss neunzehn Semester gebraucht hatte, nach St. Pölten. Dieser entdeckte auf seinem Weg durch die Stadt gleich neben dem Stadtpark (heute: Sparkassenpark) ein Verkehrsschild, das da kündete:

KURZPARKZONE
gebührenpflichtig
Parkdauer 3 Std.
an Werktagen
Mo. bis Fr. 8.00 Uhr bis 12.00 Uhr
und 13.00 Uhr bis 18.00 Uhr
Samstag 8.00 Uhr bis 12.00 Uhr

Da schritt der frischgebackene Narr (Mag. eul. [FH]) zum Laubzusammenrecher, der im Park zugange war, und fragte den ganz harmlos, wie das zugehe: dass ein Park eine Parkdauer habe. Der Mann wusste aber keinen Rat, kratzte sich nur mit seinem Rechen am Kopfe und verwies den Fremden an das Rathaus. Hier war nun der Verkehrsstadtrat vollends überfordert, als der junge Eulenspiegel-Absolvent seine Beschwerde vorbrachte, welche dahin ging, der Park liege in einer gebührenpflichtigen Parkzone, müsse demgemäß Geld entrichten; was aber noch schwerer wiege: Er dürfe nur für eine höchste Parkdauer von drei Stunden bestehen, hernach müsse er abgetragen werden. Er aber, der Absolvent, habe ganze drei und eine Viertelstunde abgewartet, und der Park habe nach Zeitablauf immer noch weiterexistiert. „Ei, du Narr", versetzte da der Stadtrat, „werde ich doch unseren schönen Park nicht alle drei Stunden aufheben lassen!" Nun wog der Witzbold gewichtig seinen Kopf und gab zu bedenken, als rechtschaffener Mann müsse er demgemäß Meldung beim Parkministerium zu Wien erstatten. Hierauf bekam es der Stadtrat mit der Angst und befahl, den Park alle drei Stunden aufzulassen und ihn nach einer Frist von wenigen Minuten wieder zu eröffnen. Allein, der junge Eulenspiegelianer, der am nächsten Tag dieser Auflassung und Wiedereröffnung beiwohnte, schüttelte abermals sein Haupt, meinte, es gehe nicht an, dass der Park nach Ablauf der Dauer am selben Platz stehe; sei es doch auch Fahrzeugen geboten, bewegt zu werden, wenn die Parkuhr abgeschnurrt sei, und ein Verbrechen, selbige einfach nachzustellen. Zum Beweis aber, dass der Park sich immer noch am gleichen Orte befinde, zeigte er auf einen Kreidestrich an der Parkmauer und einen auf dem Gehweg, welche er zuvor dort hingemalt hatte, und bewies so, dass sich Park und Weg nicht voneinander entfernt hatten. Da geriet der Stadtrat in Zorn und schrie, er habe zwar gewiss Humor, aber nun sei es genug und es handle sich bei „Park" und „Parken" um zwei ungleiche Dinge, so dass man ein Parkverbot für Fahrzeuge nicht einfach auf ein Parkverbot für Parks ausweiten könne, ohne der Sprache Gewalt anzutun; konnte das jedoch nicht belegen, weil der schlaue Absolvent alle Sprachforscher und Homophoniker von St. Pölten vorher gefangen und in einen großen Sack gesperrt hatte, der lag in einem Stall hinter Waizendorf versteckt, bei der großen Sommerlinde.

Da konnte der Stadtrat nur gute Miene zum bösen Streich machen und 400 kräftige Männer abstellen, die alle drei Stunden den Park um einen Zentimeter verlegen mussten. Und hätten diese Männer nicht das dumme Verkehrsschild, das ihnen dies gebot, nach wenigen Tagen herausgerissen, so hätte St. Pölten heute den einzigen Wanderpark der Welt.

Schlimmer wirkte sich das Verschwinden der Homophoniker aus. Noch viele Jahrhunderte hindurch verwechselten die St. Pöltner „Bank" mit „Bank", „Schloss" mit „Schloss", „Pflaster" mit „Pflaster" und „Westen" mit „Westen", und erst der gelehrte Doktor Faust, als er einmal auf der Durchreise war, konnte ihnen die Unterschiede mit viel Geduld eintrichtern.

Der *Säurilisk.*

In der Wiener Straße, dort, wo früher das Wiener Tor
stand, findet sich auf der rechten Seite stadtauswärts
eine alte Tafel, die erinnert an:

Grosse Wasser Güss
Den 21 Junni
ANNO 1541

Was es damit auf sich hat, mag sich schon mancher ge-
fragt haben, der hier stehen blieb. Studiert er aber nur
lange genug die Tafel, so kann es geschehen, dass wie
aus dem Nichts ein kleines altes Weiblein neben ihm
erscheint. Das sieht so vertrauenswürdig aus und so
weise mit seinen roten Bäckchen und seinem anmuti-
gen Schild um den Hals, auf dem STADT-INFO steht,
dass man es unwillkürlich ansprechen möchte:

„Sag, was mag diese geheimnisvolle Tafel wohl be-
deuten?"

„Die da? Keine Ahnung. Wird wohl irgendwas mit
Regen und Hochwasser zu tun haben. Aber wenn du mir
einen Zehner gibst, erzähle ich dir die schöne Sage vom
Säurilisken! – Okay, einen Fünfer. Dann aber nur mit
halb so vielen Adjektiven!

„Auf der Straße Richtung ‚Herzogenburg'", beginnt
das freundliche Weiblein, „stand früher ein großer

Gasthof. Es war dies die Gegend, die Glasscherbenviertel genannt wurde. Vielen ist sie noch bekannt für ihren charakteristischen Geruch... Erinnerst du dich an ihn? Unverkennbar! So wie St. Pölten heute eine eigene Stadtmehlspeise hat – den Prandtauerkrapfen oder so ähnlich –, besaß es über viele Jahre hinweg auch seinen ganz speziellen Stadtgeruch. Der eine oder andere will ihn sogar schon von der Autobahn aus erschnuppert haben, und wenn man dieses furchtbare Odeur in seine Nasengänge bekam, wusste man sofort: Aha, jetzt bin ich in St. Pölten...

Wo war ich? Ah, der Gasthof in der Herzogenburger Straße. Da kam eines Tages die Magd zur Tür hereingestürzt und... Nein, anders: Was ein Basilisk ist, weißt du wohl? Das ist etwas, das aus einem Hahnenei schlüpft, im Brunnen wohnt, halb Hahn, halb Kröte, ein Krönlein auf dem Kopf. Ein gefährliches, ein saugefährliches Ungeheuer. – Jetzt horch zu, sonst verpasst du das Wichtigste! Der Säurilisk – denn von dem will ich dir die ganze Zeit schon erzählen, wenn du mich mal ausreden lässt –, der Säurilisk, das ist logischerweise das Gegenstück vom Basilisken, soviel wirst du dir aus dem Chemieunterricht gemerkt haben. Jedenfalls: In dem Gasthof, von dem ich vorher geredet habe, war ein Ziehbrunnen, und eines Tages kam die Magd des Hauses voller Angst und Schrecken in die Gaststube gerannt. ‚Wirt! Wirt!‘, schrie sie und stammelte etwas davon, dass sie einen Kübel Wasser aus dem Brunnen hatte holen wollen, und plötzlich habe ihr ein scheußliches,

aufgedunsenes Fratzengesicht aus der Tiefe entgegen-
gegrinst. Mit kupfrig blinkenden Augen, halb Gänserich, halb Frosch, halb Drache – gut, eigentlich ⅓ Drache, ⅓ Frosch, ⅓ Gänserich, du Rechenkaiser – wobei
der Anteil Drache, wenn man's genau nimmt, leicht er-
höht gewesen sein dürfte, sonst wäre das Tierchen nicht
so schauderhaft gewesen, klar? Das Schlimmste aber
war sein Gestank! Entsetzlich, sage ich dir! Dieses Vieh
stank so unglaublich, so widerwärtig, dass man es gar
nicht beschreiben kann, jedenfalls nicht für einen Fünfer. ‚Schnell, schnell!‘, schrie die Magd. ‚Ein Säurilisk
sitzt im Brunnen! Wir brauchen einen Spiegel, wenn er
in den hineinsieht, dann zerplatzt er vor seiner eigenen
Hässlichkeit!‘ – ‚Das ist doch unlogisch‘, erwiderte der
Wirt. ‚Schließlich bist du auch nicht geplatzt, als du ihn
gesehen hast!‘ – ‚Ja, aber der Gestank!‘, schrie die Magd.
‚Da vergeht deinen Gästen der Appetit, und du kannst
zusperren!‘ Jetzt wurde der Wirt unruhig: ‚Wir müssen
das Vieh töten!‘, beschloss er. ‚Los, helft mir, den Brunnen mit Steinen aufzufüllen!‘ Und das taten sie: schmis-
sen eine Masse Steine und Felsgeröll in den Brunnen –
dumm wie sie waren. Denn als der Brunnen bis zum
Rand voll war, was war dann? Na? Sicher, das Biest war
tot und zermalmt – aber half ihnen das? Keineswegs!
Denn stell dir einmal den *Verwesungsgeruch* vor, den ein
toter Säurilisk verströmt! Nein, da nützte alles nichts,
kein Kalk und keine Nasenklammer: Sie mussten den
Gasthof niederbrennen, mussten wegziehen und über
dem schrecklichen Säuriliskenbrunnen eine Fabrik er-

richten, die einen noch viel satansmäßigeren Schwefelgeruch herausblies, welcher den Monstergestank überdeckte – und das war die Firma Glanzstoff. Jetzt weißt du Bescheid!"

* * *

Das Tellermandl.

Heinz Brett hieß ein Mann, der in einem Haus in der Kremsergasse wohnte, Ecke Brodgassl (die heutige Marktgasse). Das war ein Mann, der zwei Eigenschaften in sich vereinte, welche schwer unter eine Haut passen: fressfreudig war er – und faul.

Hätte er nun besonders gerne gekocht und gebacken und sich mit Vorliebe an den Herd gestellt: Niemandem wäre eingefallen, ihn wegen seiner Fressfreude zu tadeln. Wäre er andererseits, was das Leibliche betraf, frugal und bescheiden gewesen: Niemand hätte ihm zum Vorwurf gemacht, dass er nicht gern kochte. So aber gerieten zwei Dinge zusammen, die nicht zusammengehörten, er rührte keinen Kochlöffel an und wollte doch vorzüglich essen. Dabei war er außerdem ein entsetzlicher Nörgler: Andauernd klagte er, dass es in dieser kleinen Stadt keinen Gasthof gebe, der seinen Ansprüchen genüge, ja nicht einmal einen, der so nahe sei, dass man ihn bequem erreichen könne. Überwand er sich doch einmal und besuchte einen Tisch, so krittelte er von der Suppe bis zur Nachspeise an allem herum, fand die Würze zu stark, das Fleisch zu dick, das Bier zu dünn, das Messer zu scharf, so dass er nach und nach in jedem einzelnen Gasthaus Hausverbot erhielt.

So blieb er daheim in der Kremsergasse. Dezember war es und kalt. Verdrossen warf Heinz Brett ein Stück Wurst in den Topf, war aber schon zu faul, das Feuer zu entzünden. „Ach", murrte er und blickte abwechselnd in den kalten Topf und durch das Küchenfenster ins Schneetreiben, „einerseits freut es mich, dass ich nun den anstrengenden Weg in ein Gasthaus nicht unternehmen muss. Andererseits leide ich Hunger, so ganz allein. Wenn mir doch jemand eine Mahlzeit an die Tür liefern wollte!"

Es war dies aber eine Rauhnacht, in der werden die Wünsche gehört, und so klopfte es plötzlich dreimal an seiner Tür. Voll Staunen ging Heinz Brett hinunter ins Erdgeschoß, um nachzusehen, wer sich da durch Nacht und Schnee zu ihm gewagt hatte, und als er den Riegel zurückgeschoben hatte, stand vor ihm – das Tellermandl. Das war ein freundlicher Geist, so groß wie ein Kind, aber runzelig und alt. In seiner rechten Hand hielt es einen schönen, mit einer Wärmeglocke bedeckten Keramikteller. „Du hast gerufen?", fragte es und lüpfte den Deckel. Wie lief da dem Heinz Brett das Wasser in sämtlichen Mundwinkeln zusammen! Ein Entenbraten lag vor ihm, knusprig gebacken, mit Rotkraut garniert, zwei dampfende Knödel anbei und ein Kranz heißer Maroni. Zu gerne nahm er dem Männchen seinen Teller ab, dankte artig und schloss die Tür.

So gut schmeckte ihm das Mahl, und so reichlich war es, dass er gar nicht alles hinunterbekam und die Reste am nächsten Abend aufzuwärmen gedachte, obwohl er dafür eigens Kohlen schleppen und ein Feuer entzünden musste. Doch während die Flammen zu züngeln begannen und die Bratenschnitten im Kessel ihren Duft verbreiteten, klopfte es abermals an der Tür. Unwillig ließ Heinz Brett den Kessel stehen und beeilte sich, den ungebetenen Gast abzuweisen, als vor der Tür wiederum wer sich fand? Das Tellermandl. Lustig hielt es ihm einen Teller unter die Nase, der dampfte himmlisch, und als es abermals den Deckel lüftete, lag darunter eine Ratatouille, überbacken mit Käse, mit Kapern überstreut, und daneben ein kleiner, anmutiger Pudding, so dass Heinz Brett das Mahl, das er sich eben bereiten hatte wollen, völlig vergaß zugunsten des heutigen Menüs, und noch im Stehen langte er zu, während oben die Ente verschmurgelte.

An diesem Abend ging er pappsatt zu Bett, und am nächsten Morgen erwachte er mit einem leicht verstimmten Magen. Es war noch etwas übrig von der Ratatouille, das er nicht auf die Straße kippen wollte, weil es ihm so gut gemundet hatte – wenngleich er jetzt recht wenig Appetit verspürte. Etwas ratlos beschloss er, es aufzuheben, und dafür heute einen Fasttag zu halten,

der ihm umso leichter fiel, als ihn vor der angebrannten Ente ekelte. Aber wie sich jeder ausrechnen kann: Am Abend pochte es wieder an der Haustür, und das Tellermandl stand davor, eine neue Mahlzeit in den Händen. Doch diesmal winkte Heinz Brett ab, bevor es noch den Deckel heben konnte: „Lass gut sein", schnaufte er, „mir dröhnt noch der Bauch von deiner gestrigen Portion!" – „Aber koste doch wenigstens", bat das Männchen, und als es die Speise entdeckelte, war es ein riesiger, fetter Bratfisch, mit Fenchel belegt und mit Kartoffeln und Erbsen verziert, so dass der Gaumen des Heinz Brett doch noch einmal zu jucken begann. Beherzt griff er zu, schaffte die Hälfte, die ihm hervorragend schmeckte, und hörte erst auf, als er schwere Übelkeit verspürte.

Am nächsten Tag kam er nicht aus dem Bett. Überall im Haus stank es nach der verbrannten Ente, der schon etwas überreifen Ratatouille und dem halben Fisch. Er fürchtete den Moment, in dem es an der Tür klopfen würde. Wirklich hörte er es bald, und da das Klopfen nicht endete, sondern beharrlich weiterging, schleppte er sich zum Hauseingang. „Heute nicht", keuchte er dem Tellermandl entgegen. „Ich kämpfe noch mit dem Bratfisch." – „Aber sieh doch zuerst", sprach das Männchen, indem es den Deckel hob. Als Heinz Brett die kunstvoll angeordneten Schokoladenpalatschinken in Schlagobers erblickte, die sich darunter verbargen, und ihren schmeichelnden Geruch einsog, musste er würgen. „Heute nicht!", rief er gurgelnd, schlug dem Tellermandl die Tür zu und legte sich wieder hin.

Er erwachte von lautem Miauen und Bellen. Als er es, einigermaßen erholt, zum Fenster geschafft hatte, sah er mehrere Katzen und einen kleinen struppigen Hund, die sich vor seiner Haustür um einen Haufen Palatschinken rauften. „Na, Gevatter Brett?", hörte er seine Nachbarin rufen. „Habt ihr nicht mehr alle Teller im Schrank?" – „Was fällt euch ein!", fragte Brett zornig. „So seht doch!" lachte die Nachbarin und zeigte auf Bretts Hauswand, und da er sich etwas aus dem Fenster lehnte, sah er, dass an seiner Fassade ein Keramikteller prangte. Der Keramikteller von gestern! Man erkannte es, weil noch Schokoladensoße an ihm klebte. Voll Furcht und Ärger versuchte Heinz Brett, den Teller zu lösen, aber vergeblich; und weil er bei seinem Ruckeln und Reißen nicht aus dem Fenster fallen wollte, legte er sich rasch wieder ins Bett und blieb darin bis zum Abend.

Diesmal ließ er das Klopfen verklingen. Er steckte einfach den Kopf unter den Polster und presste die Handballen an die Ohren, bis er eingeschlafen war. Als er am nächsten Morgen das Haus verließ, funkelte neben dem ersten Fassadenteller ein zweiter, und vor der Tür lag eine üppige Portion Kalbsgulasch mit Dörrpflaumen und Salat, auf der er fast ausgerutscht wäre. Stattdessen stolperte er über eine der Straßenkatzen, die sich am Gulasch gütlich taten. Ohne Zaudern eilte Heinz Brett zum nächsten Gasthaus, bekniete den Wirten, dass er ihm etwas möglichst Einfaches, möglichst Magenfreundliches kredenzen möge, er, Brett, wolle die Mahlzeit in völligem Stillschweigen verzehren und nicht daran kritteln noch mosern. Als er Gnade fand, dankte er mit Küssen; bis in die späte Nacht blieb er sitzen, trank einen Schoppen nach dem anderen, und obwohl er von dem sauren Wein Gänsehaut in der Speiseröhre bekam, ging er erst nach Hause, als er sicher war, dass das Tellermandl seine Fracht bereits abgeliefert hatte. Schwankend stieg er über den Haufen Kaiserschmarrn vor seiner Türschwelle und über die schlafenden Katzen, blickte nur kurz hoch zum dritten Teller an seiner Fassade, kroch in sein Bett und verfluchte sein Leben.

168 Keramikteller fanden ihren Weg an das Haus des Heinz Brett. Manche sagen, er sei an diesem 168. Tag gestorben, an den Folgen seiner jahrelangen Völlerei. Andere meinen, er sei verhungert, weil er von hier auf jetzt die Lust am Essen verloren hatte. Wahrscheinlich aber war es so, dass das Tellermandl einfach keine Teller mehr übrig hatte, denn wer hat schon mehr als 168 Teller in seinem Regal?

Wer aber will, der kann heute noch in die Kremsergasse gehen und sich das Tellerhaus anschauen, und wer genau hinsieht, der entdeckt an der Ecke zur Marktgasse eine Nischenstatue des Heiligen Urban. Das aber ist der Schutzpatron der Winzer, Brandstifter, Millionäre und – Tellerwäscher.

* * *

„*Franzl*!"

Zwei Leidenschaften hatte das St. Pöltner Bürgermädchen Amalia Scheibelreither: das Klavierspiel und die Lepidopterologie. „Das ist", sprach sie lachend, wenn sie darauf angeredet wurde, „ein geringerer Unterschied, als man meint: Beim Spielen kommt es darauf an, die richtigen Töne zu fangen; bei der Lepidopterologie – die richtigen Schmetterlinge..."

Es war das Jahr 1821. Die ganze Stadt lag in Aufregung, weil Schubert Aufenthalt in St. Pölten genommen hatte, im Haus *Zu den Drei Kronen*. Auch unsere Amalia hatte natürlich von dem berühmten „Forellen-Franzl" gehört, und während sie vor den Toren der Stadt umherstreifte, das Schmetterlingsnetz in der Hand und das Bestimmungsbuch unter der Achsel, kehrten ihre Gedanken immer wieder zu ihm zurück. Es muss, sann sie, etwas ganz Außerordentliches sein, den Meister Schubert zu treffen! Ich für mein Teil bin schon nervös genug, wenn heute Nachmittag mein neuer Klavierlehrer kommt, mit mir die Fingerhaltung und die Vorzeichen zu üben...

Emsig schwang sie das Netz. Hier ein Kohlweißling, dort ein Admiral: Ja, das half, die Gedanken abzulenken. Sie setzte eben einen lustig getupften Maronentäubling gefangen, als sie eines dicklichen jungen Mannes ansichtig wurde, der sie die ganze Zeit schon beobachtet hatte. Er trug Locken und eine kleine runde Brille auf der Nase, und sein Rock, hinter dessen abgewetztem Rücken er einen Wanderstab hin und her drehte, war nur zur Hälfte zugeknöpft.

„Was?", fragte Amalia streitlustig und schob den flatternden Täubling ins Säckchen.

„Ach, nichts, nichts, gnädiges Fräulein", stotterte der Lockenkopf ertappt. „Es ist nur, weil mir die munteren bunten Gesellen – leid tun..."

„So soll ich sie fliegen lassen?", gab Amalia schnippisch zurück. „Wo heute so schönes Wetter ist? Und die Beute so reich, die Auswahl so ergiebig?"

„Bitte um Entschuldigung, gnädiges Fräulein", sagte der junge Mann. „Ich sehe, wie kundig Eure Finger sind. Ihr werdet wohl wissen, was Ihr tut. Mörderin!" Das Letzte sagte er recht leise und eher murmelnd, und indem er sich rasch fortwandte, merkte Amalia, wie ihr plötzlich die Freude am Schmetterlingstöten vergangen war... Überdies schlug gerade die Kirchuhr! Da sputete sie sich, denn die Klavierstunde sollte bald beginnen...

Während sie auf ihrem Klavierhocker saß und Dissonanzen übte, überlegte sie, wie ihr neuer Lehrer wohl aussehen möge. Vielleicht, dachte sie, ist er groß, starkbärtig, mit breiten Schultern und einer festen, strengen Stirn. Wer aber beschreibt ihr Erstaunen, als gegen halb zwei Uhr der junge Schmetterlingsfreund in ihr Zimmer trat! Sein lockiges Haar stand immer noch ungebürstet, sein Rock war nun zwar vollständig geknöpft, aber in falscher Lochfolge, und sein weiches Gesicht war rot vom Treppensteigen. „Ihr?", hauchte Amalia und schlug den Klavierdeckel zu. „Ja, ich", gab der junge Mann leise zurück. „Und außerdem bin ich Schubert!" Dies hören und ihm in die Arme stürzen war eins: „Franzl...!" Schubert, das harte Wort „Mörderin!" auf den Lippen, küsste sie pastos; die Hemmschwellen fielen wie zuvor der Klavierdeckel, und unter den ernsten Augen der Beethovenbüste auf dem Sims lagen sie sogleich in wilder Um

[abgebrochen: Sage ≠ Anekdote!]

* * *

Die steinernen Figuren
im Südpark.

Dass diese Villa und dieser Garten nicht immer eine Musikschule und ein öffentlicher Park gewesen sind, lässt sich leicht erraten. Was es mit den vier steinernen Zwergenwesen auf sich hat, die aus den verschiedenen

Ecken des Parks den Besuchern entgegengrinsen, das ist schon eine schwieriger zu knackende Nuss.

Da ist einmal ein flötenspielender Hirte. Er trägt fadenscheiniges Gewand, einen löchrigen Strohhut auf dem Kopf, und zwischen seinen nackten Füßen sitzt ein Hirtenhund. Einer anderen Figur, einer weiblichen, schaut eine Kuh über die Schulter. Sie lacht mit schadhaftem Zahnwerk, hat zwei Kröpfe am Hals und hält einen hölzernen Milchkübel samt Melkschemel in den Händen – also die Zwergin, nicht die Kuh –, und der hölzerne Kübel ist natürlich nicht aus wirklichem Holz, sondern ebenfalls aus Stein; ein steinerner Holzkübel.

Zwei weitere Figuren sind ein Schnitter, also ein Bäuerlein, das seine Garben lüpft, und ein Schafscherer, der sein Tier auf dem Arm trägt. Auch ihm zu Füßen sitzt ein Hund, der blickt sinnend empor zum Schaf.

Woher kommen diese Figuren? Vom Schwaighof. Es waren, wie sich wohl denken lässt, einmal echte Menschen. Und zwar hießen sie Martin, Neidhart, Wiltrud und Paul. Die Kuh hieß Bessi, das Schaf Schafranek und die zwei Hunde Barky und Blinky.

An einem schwülen Sommernachmittag zog eine Bettlerin über die Felder im Süden St. Pöltens. Sie litt Hunger und fürchtete, dass bald ein Gewitter losbrechen würde, als sie in die Nähe des Schwaighofs kam. Dort sah sie vier Leute eng beieinanderstehen: Einer hielt sein Schaf auf dem Arm, einer blies die Flöte; eine Melkerin ließ sich von ihrer Kuh über die Schulter schauen, und ein Bauer in breitkrempigen Stiefeln umarmte sein Korn. „Ach, gebt mir Unterkunft und ein Stück Brot, ihr Leute!", rief die Bettlerin schon von Weitem. „Seht, wie es sich zusammenzieht. Gleich blitzt und donnert es!" Doch als sie merkte, dass ihr die vier keine Aufmerksamkeit schenkten, zog sie das Tuch enger um die Brust und beschleunigte ihre Schritte. „Helft!", rief sie. „Ein Unwetter kommt! Nur eine Hütte zum Unterstellen, ich bitte euch, und ein Stück Brot!" Nun schienen die vier sie endlich zu bemerken. Doch ach – statt zu helfen, trieben sie Scherze mit ihr! „Eine Unterkunft willst du?", lachte der Schafscherer. „Dort drüben steht ein Kirschbaum, da stell dich unter!" Der Hirte flötete ein Spottlied, während die Melkerin unter dem Gelächter ihrer Kuh einen Stein aufhob: „Hier, das ist noch besser als Brot – hält sich länger!" Tränen des Zorns stiegen der Bettlerin in die Augen, und sie ballte die Fäuste. „Möget ihr alle in Stein verwandelt werden!", stieß sie hervor. Da grollte der Himmel, der erste Blitz leuchtete auf, und als die Bettlerin, die sich vor Schreck zu Boden geworfen hatte, wieder aufblickte, waren die vier bösen Leute samt ihrer hartherzigen Haustiere zu Stein erstarrt.

Der Gutsherr vom Schwaighof aber ließ die Figuren fortschaffen, denn sie gruselten ihn.

Als die Bettlerin viele Jahre später wieder nach St. Pölten kam, diesmal vom Norden her, geriet sie erneut in einen Wetterwechsel. Es war in der Nähe des heutigen Südparks, als sie vier graue, moosbedeckte Gestalten erblickte, die ihr bekannt vorkamen. Da reute sie ihr Fluch von damals, und sie beschloss, den vier Versteinerten noch eine Chance zu geben. „Helft!", rief sie ihnen zu. „Wieder zieht ein Gewitter auf. Ich bitte euch, zeigt mir einen Platz zum Unterstellen! – Und wenn ihr schon dabei seid, ein Stück Brot könnte ich auch diesmal gut gebrauchen."

Doch die Zwerge hörten abermals nicht. Starr, in ihrer jeweiligen Geste verharrend, der Hirte immer noch die Flöte an den Lippen, die Melkerin den Schemel beiseite räumend, der Schafscherer sein regloses Schaf hebend, das Bäuerlein mit seinen Garben kuschelnd, feixten sie stumm der Bettlerin ins Gesicht. Als sie solche Verstocktheit sah, stieg die alte Wut in ihr hoch, und sie schüttelte ihre Faust wider die Petrifizierten: „Ihr seid kein Stückchen freundlicher geworden!", rief sie. „Möge euch der Himmel in Repliken verwandeln!" Im selben Augenblick rollte der Donner über St. Pölten, die Bettlerin barg ihren Kopf unter den Armen, und als gleich hinterher der Blitz sein leuchtendes Netz über dem Himmelsgewölbe auswarf, hatte sich der Fluch erfüllt. Vier hohle Repliken standen in der Landschaft; die Originale hingegen waren im Depot des St. Pöltner Stadtmuseums verschwunden.

Daraufhin wurden die Nachbildungen, um sie vor weiteren Verfluchungen zu schützen, in den Südpark geschafft, wo heute noch zwei von ihnen stehen: Flötist und Melkerin. Die beiden anderen traf die Zerstörungs-wut der Parkbesucher. Sehr gerechte Wut, wie wir wis-

sen! Will man sie aber allesamt schadlos betrachten, die unfreundlichen Figuren, so findet man sie weiterhin auf den Mauern des Schwaighofes und sogar in Wasserburg, Pottenbrunn; so hoch wird die Kopistenkunst in St. Pölten geschätzt.

∗ ∗ ∗

Heiliger Dollfuß, *bitte für uns!*

Da unser Herr Dollfuß noch auf Erden wandelte, wurde ihm viel Unrecht und Schmerz zugefügt, dabei hatte er zahlreiche Anhänger und war ein „großer und mutiger Patriot", wie sein Apostel Pröll herausgefunden hat; und der jüngste Bundeskanzler, den es bis dahin gegeben hatte, auch. Nun kam er einmal nach St. Pölten gereist, hielt hier eine schöne Rede auf der Landesausstellung und empfing viel Applaus; aber die Verräter warteten schon mit dem Dolche im Hosensack. Bald nach seinem frühen Ende, da er den Todeskuss seines Mörders Planetta empfangen hatte und, versehen mit den heiligen Sakramenten, im Kanzleramt zu Wien verschieden war, errichtete ihm St. Pölten zum Andenken eine riesenhohe Ehrensäule auf dem Domplatz, zu deren Weihe zwanzig- bis fünfundzwanzigtausend Menschen angewackelt kamen; und der Säulenbauer, Wilhelm Frass, war ein gebürtiger St. Pöltner, der später noch viel Schönes schuf für das Dritte Reich und die Zweite Republik.

Als aber unser Herr Dollfuß einige Jahre später zu Allerseelen wiederkehrte, jenem Feste, da die Verewigten Ausgang haben, verfinsterte sich sein Antlitz. Denn er sah, dass man sein Denkmal in St. Pölten geschleift hatte, und der Domplatz war ganz dollfußfrei. „So will ich niemals wiederkommen", sprach er ernst. „Und die Stadt habe künftighin immer absolute sozialistische Mehrheiten. Dies ist mein Fluch, der St. Pölten auf immerdar plagen soll." So geschah es, und an Wahltagen fährt bis heute regelmäßig der Teufel in bis zu 60 Prozent der Wähler, und sie machen ihr Kreuz nirgendwo anders als bei den

[abgebrochen: Sage ≠ Legende!! Letzte Verwarnung!!]

∗ ∗ ∗

Warum der Klangturm
Musik macht.

Wenn er krank machen würde, würde man ihn Krank-
turm nennen; so aber macht er Musik, und darum nennt
man ihn Klangturm.

    Krank macht weiterhin nur: die Krankenversiche-
rungsanstalt.

✳ ✳ ✳

Warum das Rathaus
rosa ist.

Eigentlich ist es gelb. Allerdings von einem so scheuß-
lichen Gelb, dass das menschliche Auge es nicht wahr-
nehmen kann. Die Spektralnerven weigern sich, es wie-
derzugeben, und über eine spontane Not-Umleitung
im Sehzentrum des Gehirns verwandeln sie es in ein
harmloses, unschädliches Rosa.

    Die gegenüberliegende Franziskanerkirche hingegen
ist wirklich rosa. Obwohl ihr Gelb viel besser stünde. So

ein dickes, cremiges Schönbrunnergelb! Wäre das nicht fabelhaft? Jetzt Petition unterschreiben unter https:// www.openpetition.eu/at/petition/online/yellowing-the-franciscan-church-st-poelten !

* * *

Warum der Rathausturm
ein Ypsilon *trägt.*

Als der Kremsertorturm abgerissen wurde, kam der Doppeladler, der darauf prangte, an den Rathausturm. Hier hängt er immer noch, zusammen mit einer Darstellung des Passauer Wolfes, der Jahreszahl 1575 und einem gelben Y auf blauem Grund.

Die Bedeutung von Wolf und Zahl und Doppeladler ist klar. Was aber soll das Y? Das weiß es selbst nicht. „Y?", fragt es sich in stiller englischer Selbstanklage, „why ...?"

* * *

Wo man in St. Pölten einen Kaffee bekommt.

Ein armer Tagelöhner aus Stattersdorf feierte einst die Taufe seines siebten Kindes. Weil man dem Paten bei einem solchen Anlass nicht nur Wasser und Käserinde vorsetzen kann, buk er einen Guglhupf und bereitete eine Thermoskanne starken Kaffees, die aber bald ausgetrunken war. Da es sich nun ohne Koffein nicht gut feiern lässt, winkte er seine älteste Tochter heran und gab ihr heimlich die Kanne: „Geh in die Stadt, zur Cafékonditorei Amler in der Brunngasse, und hole uns neuen Kaffee, damit der Gevatter munter bleibt!"

Das ließ sich das Kind nicht zweimal sagen. So schnell seine Beine es trugen, lief es hinüber in die Stadt. Es war ein Wintertag, und darum wurde es schon zeitig finster, und der Weg war lang und eisverspiegelt.

Wie groß aber war des Mädchens Schreck, als es endlich vor dem Café Amler stand! Sehr groß. Denn: Es gab kein Café Amler mehr! Ein Polizist, der gerade seine Runde drehte und dem das erschrockene Kind auffiel, blieb stehen. „Suchst du den alten Amler?", fragte er mitleidig. „Der Gevatter braucht Kaffee", piepste das Kind und rasselte mit der leeren Thermoskanne. „Wenn ich keinen bringe, schläft er gewiss ein!" – „So versuch es beim Café Wolf", sprach der Polizist freundlich und deutete mit seinem Schlagstock die Kremsergasse hinunter: „Das ist ein schönes Traditionshaus, in dem früher oft das Ehepaar Leiner zu Gast gewesen ist." Das Mädchen dankte für den Rat, raffte seine Kleider und lief los, um doch noch zu seinem Trunk zu kommen. Doch abermals stand es vor verrammelten Türen, denn auch das Café Wolf gab es nicht mehr. „Es ist schon lange geschlossen, armes Kind", sagte eine Hütchenspielerin, die vor dem Hausportal auf dem Boden hockte. „Geschwind, lauf weiter! Gleich dort hinten ist das Café Unterberger. Dort wird dein Kaffeedurst bestimmt gelöscht werden!" – „Es ist doch eigentlich für den Herrn Gevatter", murmelte das Mädchen, schulterte aber erneut die Thermoskanne und folgte weiter der Kremsergasse.

Wie groß aber war der Schreck, als das Café Unterberger – doch das hatten wir schon. Nicht mehr ganz so groß jedenfalls. Dennoch schlug die Kleine die Hände vor die Augen, ließ die Thermoskanne achtlos in den Schnee rollen und wollte von der Welt nichts mehr sehen ...

Als sie die Hände wieder weggenommen hatte, standen vor ihr der Polizist und die Hütchenspielerin. Beide aber glommen und waberten in ihren Konturen, und unter dem staunenden Blick des Mädchens verwandelte sich die Hütchenspielerin in eine großgewachsene Weiße Frau, der Polizist aber schrumpfte zu einem kleinen, gemütlichen Männlein im grünen Mantel. „Ich bin die Weiße Frau von St. Pölten", sprach die Weiße Frau gütig. „Ich bin das Bergmännlein vom Kupferbrunnberg, das niedrigstwohnende Bergmännlein Europas", sagte das Bergmännlein. „Ich hätte mich", fügte es hinzu, da es das fragende Gesicht des Mädchens sah, „durchaus in ein höheres Gebirg versetzen lassen können, die Tatra oder die Karawanken, aber mir gefällt es hier, ich bin gern in St. Pölten, und außerdem hat man auf einem niedrigen Berg einfach mehr Kundenkontakt." – „Du vermisst die traditionellen Kaffeehäuser in dieser Stadt", sagte die Weiße Frau sanft, „wir aber können dir helfen." – „Gleich dort drüben auf dem Rathausplatz ist zum Beispiel das Cinema Paradiso", erklärte das Männlein, „da bekommst du garantiert bis in die Nacht hinein einen Cappuccino, einen Frappuccino, einen Chai Latte Red Bull oder was ihr jungen Leute euch halt so einpfeift. Und weiter südlich ist das Café Emmi." – „Wenn du aber in die Gegenrichtung gehst", sprach die Weiße Frau mit einem Lächeln, „so findest du in das Café Pusch und das Café Schubert." – „Denn St. Pölten ist eine Perle nicht nur der Gastronomie, sondern auch speziell der Kaffeehauskultur", las das Bergmännlein von einem Prospekt ab. „In unmittelbarer Nähe der Bundeshauptstadt findet sich auch hier ein reichhaltiges Angebot!"

„Was aber tue ich", fragte das Kind verzagt, „wenn es in all diesen Kaffeehäusern, die ihr genannt habt, wider die althergebrachten Sitten ein Musikgedudel gibt, welches einem die Sinne betäubt und die Kaffeemilch sauer werden lässt, so dass der Gevatter würgen muss?"

Da sahen die Weiße Frau von St. Pölten und das Kupferbrunnbergmännlein sich einen Augenblick an, wägend, ob sie das Geheimnis preisgeben sollten, hoben dann beide ihre Zeigefinger in die gleiche Richtung und sprachen: „Suchst du ein Kaffeehaus ohne Musikgedudel gemäß usi e costumi, so wie früher das Amler, das Wolf und das Unterberger, dann geh in die Wiener Straße zum Café Fröstl mit seinem bezaubernd versteinerten Innenhof!"

Und das tat die Tochter. Und ging hernach noch viele Male dorthin. Ihrem Vater und dem schläfrigen Patenonkel aber erzählte sie nichts davon, weil sie wusste, dass das Fröstl sich ansonsten in eine Tchibo-Filiale verwandeln würde; und so war sie eine von ganz wenigen, die im Sommer im Gastgarten dieses geheimsten aller Cafés sitzen und es sich bei einem Kakao wohlsein lassen. Ganz ohne jegliches Gedudel.

* * *

Der Krawattenfänger
von Harland.

Wenn es eine Pest gibt, so ist es die Mode. Einer fängt mit was an, ein anderer tut's ihm gleich, ein Dritter folgt, und eins-zwei-drei hat sich eine singuläre Torheit in alle Himmelsrichtungen ausgebreitet wie der Typhus oder das Runkelfieber.

In Harland, südlich St. Pöltens, kam es einst zu einer besonders argen Epidemie des Modeirrsinns. Es stand dort seit langer Zeit schon eine Spinnerei, Zwirnsfabrik und Färberei, die der größte Arbeitgeber des Ortes war. Das machte die Harländer stolz, denn kaum etwas ist so identitäts- und gemeinschaftsstiftend wie eine Fabrik, in der man sich abschuften darf, bis man alt und krank geworden. Das ist ein Trost, weil es bedeutet, dass du die Menschen ruhig kaputtmachen darfst – wenn du ihnen nachher einen Verdienstorden an ihre Kaputtheit heftest, sind sie's zufrieden und werden dankbar aus trüben Augen zu dir emporhimmeln, während ihre zerbrochenen Finger den Orden betasten...

Nein, das ist ungerecht. Denn unser Harländer Fabriksherr war da anders! Ein großer Wohltäter war das, baute seinen Arbeitern mietfreie Wohnungen, zwei Schulen, damit die Kinder nicht mehr frühmorgens nach Pyhra und St. Pölten watscheln mussten, und jedes Jahr gab es eine große Weihnachtsfeier, bei der alle Untertanen neu eingekleidet wurden. Vor allem Krawatten regnete es dort, für jeden Beschenkten eine frische Krawatte aus fabrikseigener Erzeugung.

Und die Harländer liebten ihren Herrn dafür. Mit glühender Ausschließlichkeit trugen sie seine Krawatten, jahraus, jahrein; schlangen sie mit quasi-patriotischem Ernst jeden Morgen um ihre Hälse, ehe sie an die Webstühle traten, trugen sie auch am Wochenende und sogar zu den hohen Festtagen, bei Feierlichkeiten, Jubiläen und im Sarg. Es war dieses Harland bald ein regelrechtes Krawattennest zu nennen, schon die Kinder bekamen welche drangebunden, und der Fabriksherr saß als Krawattenkönig dazwischen, hielt seine Arbeiter wie an lauter buntfarbigen Leinen und frohlockte den ganzen Tag. Ja, selbst allergische Hautreaktionen änderten nichts daran, selbst Ausschlag am Hals bewog die Arbeiter nicht, ihre Krawatten abzulegen oder auch nur den Knoten zu lockern.

Dies währte, bis einmal ein Fremder nach Harland herunterspaziert kam.

Der hatte früher in der Austin'schen Spitzenfabrik in Viehofen gearbeitet, und als er sich in seiner neuen Umgebung umsah, blieb ihm der Mund offen stehen. Dafür hatte er nun der Textilwelt Valet gesagt, seine Langflöte ausgemottet und einen Fernkurs als fahrender Musicus gemacht? Nur, um hier wieder auf Fashion-Victims und Gecken zu treffen, die sich mit grässlichen Krawatten behängten? Und grässlich waren sie, das stand für jeden Nicht-Harländer außer Zweifel! Beherzt schritt der Musiker ins Amtshaus, um der Seuche offiziell den Kampf anzusagen, wurde von dort weitergeschickt zu der wahren Lokalmacht, dem Krawattenkönig, trat hin vor diesen und sprach freimütig: „Herr, ich sehe, wie Euer Landstrich unter einer Plage leidet! Ich aber, ein armer Flötenspieler aus Viehofen, will Euch davon befreien." – „Wovon sprecht Ihr, zum Kuckuck?", fragte der Fabriksherr, der eben dabei war, einen neuen Krawattenknoten zu üben. „Von einer Modepest, die zum Himmel schreit!", rief der Flötist. „Von den widerwärtigen Krawatten, die bei Euch getragen werden! Ich kenne diese Sorte: Man bekommt sie von unlieben Verwandten zu Weihnachten geschenkt und muss sie dann tagaus, tagein tragen, um die Schenker nicht zu beleidigen. Doch damit hat es jetzt ein Ende! Gebt mir einen Sack Gold, Herr, und ich mache Schluss mit dieser modischen Verirrung!" Der Krawattenkönig lief gelb an, als er das hörte. „Verirrung? Gold?", schnappte er. „Ich habe wohl Zwirn in den Ohren! Schert Euch zurück nach Viehofen, Ihr Vieh, oder am besten gleich zum Teufel, bevor ich Euch mit meiner stabilsten Krawatte an der Spitze des Harländer Kraftwerks aufknüpfen lasse!"

Finster wurden da die Brauen des Flötenspielers. Er drehte sich um, und ohne ein weiteres Wort verließ er die Fabrikhallen.

Aber noch am selben Nachmittag sah man ihn durch Harland ziehen, eine seltsame und fröhliche Weise auf seiner Flöte spielend, und alle Kinder, die sie hörten, steckten die Köpfe aus ihren Häusern und folgten ihm. Ein langer Zug von Kindern war bald unterwegs, an ihrer Spitze der fremde Mann. Am Ufer der Traisen aber lag ein Schiff, darauf strömten alle Harländer Kinder, dem Flötenspieler hinterher, und als das letzte Kind an Bord gegangen war, lichtete das Schiff den Anker und legte ab.

Nur zwei Kinder blieben verschont: Das eine mochte keine Flötentöne, und das andere war noch einmal umgekehrt, um seine Reisekrawatte zu holen.

Betrübt standen da die Harländer am Ufer und blickten dem Schiff nach, das in der Seichtheit der Traisen nur sehr langsam vorwärts kam und ständig irgendwo aufsaß. „Da gehen sie hin, unsere Kinder", seufzte der Vorarbeiter der Spinnerei. „Schon in wenigen Tagen werden sie in Herzogenburg sein. Aber wenigstens", setzte er tapfer hinzu, „wenigstens haben wir noch unsere herrlichen Krawatten...!" – „Ja", schluchzten seine Mitharländer, „unsere gesegneten Krawatten, die kann uns keiner nehmen..."

Und wenn das kein Trost war, was dann?

* * *

Wie die St. Pöltner *entstanden* sind.

Es ist nun schon ziemlich lange her, als die Pummersdorfer und die Ragelsdorfer, die Reitzersdorfer und die Völtendorfer, die Kreisbacher und die Eisbergsiedler, die Unterzwischenbrunner, die Oberzwischenbrunner und die Ochsenburger friedlich miteinander lebten; und die Nadelbacher und die Windpassinger auch. Jedes Volk hatte seine eigenen Bräuche und Sitten, aber manches verband sie: Im Sommer zogen sie alle den Bisons nach, im Winter saßen sie an ihren Feuerstellen am Fuße des Pittnerberges und rauchten, beschützt von dem Großen Geist; und wenn sie Regen haben wollten, dann tanzten sie, denn das vertrieb ihnen die Wartezeit.

Wenn es dann in Strömen und aus Schaffeln auf ihre Felder herniederging, hörten sie auf zu tanzen und lobten Himmel und Sonne, Mond und Sterne, dass sie ihnen solch reichen Segen schenkten, und sie verneigten sich: die Oberradlberger und die Oberwagramer, die Waitzendorfer, Wetzersdorfer, Witzendorfer und Schwadorfer.

Einmal aber wollte der Regen gar nicht mehr enden. Da verneigten sie sich nicht mehr, sondern sahen zum Himmel hinauf, sorgenvoll, drei Tage lang; am vierten Tage zogen sie sich in ihre Zelte zurück. Am fünften Tage blickten sie schon recht verzweifelt aus den

Zeltfenstern; längst hatten sie aufgehört, Sonne, Mond und Sterne zu loben, denn die Felder ertranken, die Erde war locker und weich geworden, so dass die Vögel an die Saat gelangten, und die Traisen floss über ihre Ufer. Am sechsten Tage begannen die Volksältesten zu beratschlagen, und am siebten Tage kam der Wendigo aus den Wäldern, völlig durchnässt und mit Schnupfennase, und bat um Aufnahme. Sie steckten ihn mit einem Maisbreiwickel ins Bett.

Als der Regen am achten Tage endete, standen sie betrübt vor den schlammigen Löchern, die einst ihre Äcker gewesen waren – die Eggendorfer und Matzersdorfer, die Harlander, Wörther und Spratzerner. Und manchem von ihnen war sogar das Heim überschwemmt worden, besonders den Wasserburgern. Da begannen sie erneut zu tanzen, weil sie nicht wussten, was sie sonst tun sollten, und als sie acht weitere Tage getanzt hatten, öffnete sich der Himmel, und der Große Geist sandte eine kleine goldene Viper zu ihnen herab.

„Warum tanzt ihr?", fragte sie stellvertretend und züngelnd.

„Kommst du vom Großen Geist?", fragten die Geschädigten.

„Das tue ich", antwortete die Schlange. „Warum tanzt ihr? Was wollt ihr?"

„Wir fordern Entschädigung", klagten die Regenopfer – die Zwerndorfer und die Altmannsdorfer, die St. Georgener und die Steinfelder, die Unterwagramer und die Unterradlberger.

„Wir wollen Erstattung!", riefen die Stattersdorfer.

„Für unseren Hafer!", schrien die Hafinger.

„Für das Ganze!", forderten die Ganzendorfer.

„Sonst wenden wir uns an den Teufel!", drohten die Teufelhofer.

„Sonst geben wir uns die Kugel", weinten die Pengersdorfer.

„Verzagt nicht", erklärte die Viper und züngelte. „Ich will euch einen Magistrat schenken, an den könnt ihr eure Schadenersatzforderungen richten, und einen Katastrophenfonds gibt es obendrein."

„Aber wo, o Viper, Stellvertreterin des Großen Geistes, soll dieser Magistrat entstehen?", fragten die Völker, denen die Ernte weggeschwemmt worden war, und rangen die Hände.

„In St. Pölten", sprach die Viper. „Einer Siedlung in eurer Mitte. Eine Siedlung, die euch alle vereinigen soll." Dabei schnippte sie mit ihrer Schwanzspitze, und ein Präriehund, der eben vorüberschnürte, blieb wie versteinert stehen; dem nahm sie das Herz, tat es in den Leib einer Schnirkelschnecke mit der Seele eines Fettschwanzschafes, rührte all dies in den Schlamm der überschwemmten Felder, und was daraufhin aus dem Sumpf kletterte, war: der erste St. Pöltner.

Gleich aber begann sich der erste St. Pöltner zu mehren, pflückte aus seiner Rippe die erste St. Pöltnerin, paarte sich diskret hinter einem Maulbeerbusch, und schon errichteten sie gemeinsam ihre neue Stadt. Und darin auch den Magistrat.

Bald standen sie alle in einer endlosen Schlange davor, die Dörfler und Mühlganger, die Ratzersdorfer, die Mooshöfer und die Wolfenberger, und füllten fleißig ihre Schadenersatzanträge aus.

Und als sie nach ein paar Monaten einen Antwortbrief in Händen hielten und reiche Entschädigung einstrichen, die Viehofner und die Weiterner, die Pottenbrunner und die Kupferbrunner, die Alt-Harter und die Neu-Harter und auch die Einwohner der Hubert-Schnofl-Siedlung, da waren sie alle sehr zufrieden, dass sie von nun an – St. Pöltner waren.

✳ ✳ ✳

Medieninhaber: Land Niederösterreich
Abteilung für Kunst und Kultur
Leiter: Mag. Hermann Dikowitsch

Literaturedition Niederösterreich
3109 St. Pölten, Landhausplatz 1
Planung und Projektbetreuung: Julia Stattin, MA
www.literaturedition-noe.at
noe-literaturedition@noel.gv.at

Lektorat: Mag. Michaela Thoma-Stammler
Umschlaggestaltung, Layout und Satz: Ekke Wolf, typic.at
Gesamtherstellung: Druckerei Janetschek/Heidenreichstein

ISBN 978-3-902717-66-5